꺾이지 않는 마음

왼발박사 이범식의 서울-경산 국토 도보 종주기
꺾이지 않는 마음

초판발행 | 2025년 3월 28일
재판인쇄 | 2025년 4월 15일
재판발행 | 2025년 4월 17일

글쓴이 | 이범식
펴낸이 | 장호병
펴낸곳 | **북랜드**
　　　　04556 서울 중구 퇴계로41가길11-6, JHS빌딩 501호
　　　　41965 대구시 중구 명륜로12길 64(남산동)
　　　　전화 (02) 732-4574 | (053) 252-9114
　　　　팩스 (02) 734-4574 | (053) 252-9334

등 록 일 | 2000년 11월 13일
등록번호 | 제2014-000015호
홈페이지 | www.bookland.co.kr
이 - 메일 | bookland@hanmail.net

책임편집 | 김인옥
기　　획 | 전은경
교　　열 | 서정랑

ⓒ 이범식, 2025, Printed in Korea
저자와의 협의하에 인지를 생략합니다.

ISBN 979-11-7155-112-5　03810
ISBN 979-11-7155-113-2　05810 (E-book)

값 20,000원

왼발박사

꺾이지 않는 마음

이범식 씀

북랜드

종주길 격려에 나선 이철우 지사,
"왼발박사 이범식, 경북의 별이자 자랑"

김진만 기자 (매일신문 2024년 8월 7일)

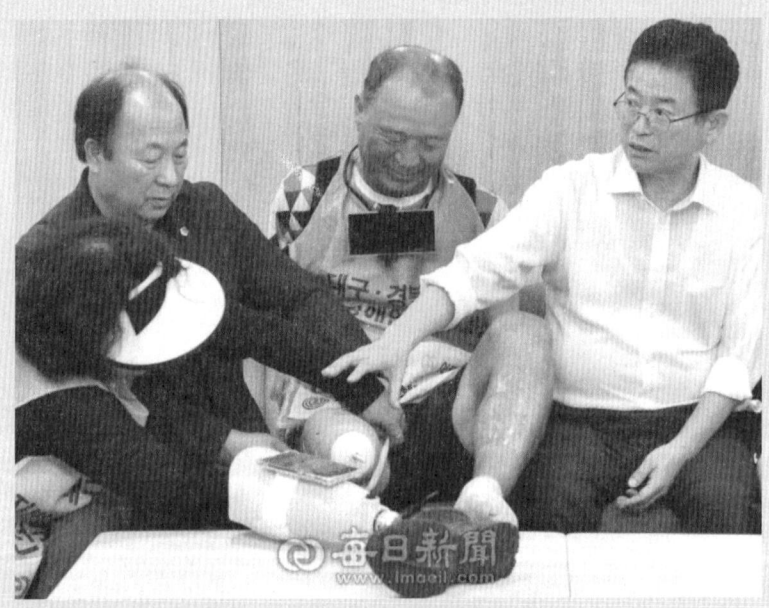

양팔과 오른발이 없어 '왼발박사'라는 별명을 얻은 이범식(59·경북 경산) 씨가 서울에서 경산까지 462km 국토종주길 도주에 들른 경북도청에서 이철우 지사와 박선하 도의원(좌측)께서 격려와 함께 다리의 상처를 살펴보고 있다. / 사진=서보균 제공

| 추천의 글 |

경상북도지사
이 철 우

"외발로 딛고 일어선 이범식 박사는 '할 수 있다'는 희망을 품고, 462km 국토 종주로 많은 분께 귀감이 되었다"

서울에서 경산까지 친리길의 국토 종주길을 완주한 이범식 박사의 도전정신에 큰 박수를 보냅니다. 젊은 장정도 하기 힘든 그 어려운 길을 '우보천리牛步千里'의 정신으로 걸어 내셨다는 것이 매우 놀랍고, 또 존경스럽습니다.

박사님의 행보를 보면 많은 사람들의 가슴을 달군 '중요한 것은 꺾이지 않는 마음'이라는 말이 저절로 떠오릅니다. 힘든 도전을 꺼리는 오늘의 사회 분위기에 큰 경종을 울리는 모습이라고 생각합니다.

특히 한창 피어나는 청년 시기에 불의의 사고로 양팔과 우측 다리까지 잃어버렸지만 외발로 일어나 재활한 그의 삶과 국토 종주길을 도전한 불굴의 의지는 그 자체로 많은 분들에게 큰 용기이자 희망입니다.

박사님의 뜨거운 열정은 오천년 동안 대한민국의 중심에 선 '경북의 정신'과도 닮아 있습니다. 화랑·선비·호국 정신으로 똘똘 뭉친 경북은 위기가 올 때마다 '불가능'이라는 말에 굴하지 않고 항상 앞장서서 나라를 일으켰습니다.

가난하고 굶주리던 한국이 '한강의 기적'과 '새마을 정신'으로 내로라하는 강국이 된 것도 바로 꺾이지 않는 의지 덕분이었습니다.

이 책을 통해 많은 분들이 희망을 얻고, 지금의 삶에 열정을 더할 수 있기를 기대합니다. 누구나 꿈을 가지고 도전하면 어떤 난관도 헤쳐나갈 수 있다는 사실을 마음 깊이 새기는 좋은 계기가 되기를 바랍니다. 감사합니다.

2025년 4월
경상북도지사 이 철 우

| 들어가면서 |

왼발 하나로 걷는다는 것

사람들은 내게 종종 묻습니다.
"두 팔과 한쪽 다리도 없는데… 어떻게 전국을 걸으셨어요?"
나는 웃으며
"왼발 하나면 충분합니다. 왜냐하면, 포기하지 않으면 되니까요"

나는 장애인입니다.
1985년, 한순간의 사고로 두 팔과 오른쪽 다리를 잃었습니다.
세상이 무너지는 듯했고, 이후로 나는 '살아야 할 이유'를 잃어 갔습니다.

하지만 저는 끝내 '살아보기'로 결심했습니다.
그리고 어느 날, 내 안의 있는 작은 목소리를 들었습니다.
"한 걸음이라도, 앞으로 가 보자"
내면의 소리에 귀 기울이면서 걷기 시작했고, 결국 왼발 하나로 전국을 종주하는 기적 같은 여정을 만들어 냈습니다.

이 책은 그 도보 여정의 기록이자,
내 삶의 굴곡 속에서 발견한 '삶의 의미'에 대한 고백입니다.
넘어지고 자빠지면서 오뚝이 정신으로 다시 일어났습니다.
수많은 날들 속에서 나는 내가 얼마나 달라진 사람인지,
또 사람들이 얼마나 따뜻한지를 곳곳에서 배웠습니다.

글을 통해 누군가에게 말해주고 싶습니다.
"당신도 걸을 수 있습니다.
두 다리가 아니라,
용기와 희망으로 걷는 길이 분명히 존재합니다.
한계는 몸이 아니라 마음에 있습니다."

나에게는 두 팔이 없지만
양팔보다 더 큰 사명과 사랑, 희망을 품었습니다.
이 책을 펼치는 당신이 지금 어떤 절벽 끝에 서 있더라도
내 이야기가 당신의 한 걸음이 되길 바랍니다.

그리고 당신이 그 걸음 속에서
자신의 가치를 발견하고, 삶의 의미를 되찾기 바랍니다.
왼발 하나로 걸은 이 길이,
이제 당신의 마음으로 이어지기를 소망합니다.

저자 이범식 드림

| 차례 |

추천의 글 | 이철우 경상북도지사 _ 5
들어가면서 | 왼발 하나로 걷는다는 것 _ 8

대한민국 광화문에서   14
세종대왕의 지혜로   18
불굴의 이순신 장군   21
여의도에서 예술의 전당까지   27
[매일신문] '양팔 없는 왼발박사' 이범식,
           서울~경산 400㎞ '도보 종주' 나선 이유는   32
서울에서 경기도로 진입   34
고향식당, 음식값 받지 않아   38
소나기와 갈증   44
SK하이닉스와 OB맥주 공장   50
포기하지 않는 '중꺾마'의 정신으로   59
아주머니가 준 생수 한 병   63

서보균 소장과 동행	66
인생 최대의 지혜는 친절이다	72
괴산군청에서 가진 환영식	80
충청도 괴산에서 쌍곡계곡으로	84
충북 쌍곡-연풍면 행정복지센터	93
충청도에서 경상도로, 서포터즈 김병회 회장	98
문경 온천지구에서 점촌 북초등학교까지	106
긍정의 도시, 신현국 문경시장	116
[매일신문] 동행 취재기_양팔 없는 왼발박사	121
삼강주막과 더위 먹은 아내	128
희망, 저절로 주어지는 게 아니다	134
휴머니스트 이철우 경북도지사	142

[매일신문] 종주길 격려에 나선 이철우 지사, "외발박사 이범식, 경북의 별이자 자랑"	150
서애 류성룡 선생의 징비록	153
고갯길이 나와서 숨이 턱까지	156
김진만 기자와 경산시의회 권중석 의원	159
고개를 넘어 조문국 산마루	164
무더위와 생명의 전화	177
먼 길도 함께라면	183
한계를 넘어 힘껏 일어나야	189
영천에서 경계를 넘어 경산으로	193
8.15 해방의 기쁨처럼	197

서포터즈 안재근 경산시농협 농정단장	204
노희찬 삼일방직 회장님	206
31일 만에 서울에서 경산까지	217
[매일신문] "누구든지 도전하면 이룰 수 있다는 희망의 작은 날갯짓"	226
[매일신문] 양팔·오른다리 잃은 만학도, 10년 만에 박사 꿈 이뤄	233
[매일신문] 이범식 박사 "한쪽 발가락으로 밥 먹고 글 쓰고 자판 두드렸죠"	236

마치면서 | 왼발로 내딛은 462km, 66만 3000보
        이 길 끝에 반드시 희망이 있습니다 _ 239

대한민국 광화문에서

⟨2024년 7월 15일, 월, 무더위⟩

나는 서울에서 경북을 거쳐 대구까지 걷기로 했다. 거리는 400km 정도, 천리길이다. 처음으로 세상에서 가장 먼 길을 걷게 됐다. '하룻강아지 범 무서운 줄 모른다'고 했듯이 중증 장애인 이범식이 그 꼴이다. 일단 도전을 시작하였으나 광화문 광장에 서서 앞을 쳐다보자 갈 길이 아득해 보였다.

이날 오전 8시, 동대구역에서 우리 부부는 고속열차를 타고 서울역에 내렸다. 플랫폼을 벗어나자 바로 앞에는 익숙한 대우빌딩이 남산과 오버랩되었다. 서울의 공기는 후끈하였다. 지하철를 타기 위해 계단을 밟고 가자 뜨거운 열기가 목구멍으로 넘어왔다. 승강장으로 내려서자 비교적 서늘한 공기로 견딜 만했다. 1호선을 타고 시청역에 내렸다.

광화문 방향으로 지하도를 따라 걷다가 지상으로 올라서자 한국프

레스센터 빌딩이 나타났다. 천리길 종주 계획을 세우면서 출발 장소로 정한 광화문 쪽을 쳐다보자 이순신 동상이 가장 먼저 눈에 들어왔다. 좀 더 멀리 경복궁 쪽으로는 세종대왕 동상이 조그맣게 보였다. 지난해 어느 여론기관에서 조사 결과 세종대왕이 우리 국민이 가장 좋아하는 사람으로, 그 다음은 이순신 장군과 박정희 대통령 순으로 나타났다.

우리 부부는 천천히 동아일보를 지나 광화문 네거리를 건너가자 교보빌딩과 교보서점이 눈에 들어왔다. 빌딩 가는 길에 단청이 화려한 종각이 나타났다. 그래서 1호선 종각역 명칭이 정해진 것 같았다. 도로는 한낮의 열기로 이글거렸다. 우리는 그곳에서 무교동 쪽으로 방향을 틀어 우선 민생고부터 해결하기로 했다. 그래야 힘을 얻을 것 같았다.

무교동 설렁탕

식당은 12시가 덜 됐는데도 이미 넥타이를 맨 셀러리맨들이 삼삼오오 테이블에 앉아 식사가 나오길 기다리고 있었다. 우리도 한쪽 테이블에 앉아 '이열치열'로 뜨거운 설렁탕을 시켜봤다. 그곳은 주로 설렁탕과 냉면, 수육 등을 파는 집이었다. 이때까지 식당 내 젊은이들은 아무도 우리 부부에게 눈길을 주지 않았다.

경북 경산시에서 새벽같이 집을 나와 한 시간 동안 지하철을 타고 동대구역에 도착, 서울로 다시 올라왔다는 것을 아무도 눈치채지 못했다. 그건 당연한 것이다. 주방에서 설설 끓었던 설렁탕이 우리 자리에도 나왔다. 천천히 뜨거운 국물을 목 안으로 넘겼다. 물론 내 손으로 직접 먹지는 못한다. 아내가 먼저 내 수저로 설렁탕의 건더기를 건져 작은 접시에 담아 식도록 두고는 국물이 뜨겁지 않는지 살짝 먼저 입에 넣어 보고는 내 입에 넣어 주었다.

우리 부부는 식사 때마다 이런 모습이 자연스러운 행위다. 나는 두 팔이 없다. 아래로는 좌측 다리 하나만 남았다. 그 남은 왼쪽 다리마저도 고압에 감전되면서 종아리 쪽으로 전기압이 빠져 나가면서 엄청난 충격을 받았다. 아내가 수저로 음식을 내 입에 넣어 주면 나는 입만 딱딱 벌리면 된다. 물론 내 남은 왼발에다 숟가락을 끼워 직접 밥과 반찬을 먹을 수도 있지만 식탁이 있는 환경에서는 불가능하다. 그럴 경우 바닥에 두고 먹어야 한다. 그래서 아내가 음식을 떠서 먹여준다. 나와 연애할 때부터 그리했다. 이 같은 우리 부부는 23년이나 됐다.

그제서야 주변에 앉아 식사를 하던 젊은이들이 하나둘씩 우리를 쳐다보며 이상하다는 눈초리다. 그들은 정면으로 우리들을 쳐다보지도 않았다. 그저 우리 눈길을 피해 살짝살짝 이쁘게 살펴보는 것이 느껴졌다. 눈치만으로 살아온 내 인생이기에 직접 보지 않아도 주변 사람들의 언어를 살필 수 있게 됐다. 그들에겐 두 팔이 없는 나에게 아내가 밥을 떠먹여 주는 것이 신기한 모양이었다.

아예 나는 그들을 쳐다보지도 않고 맛있게 먹기만 했다. 한참 후 아내도 자신의 숟가락을 들고 국물을 자기 입에 떠 넣었다. 내가 그녀를 쳐다보기만 해도 아내는 금방 직감하여 다시 내 수저로 음식을 떠먹여 주었다.

식사 시간은 다른 사람들보다 거의 두 배 이상 걸린다. 아내가 내 손이 되어 먼저 음식을 먹여 주고 항상 자신의 먹을 것을 챙기는 게

16

순서다. 마치 엄마가 자식을 먼저 챙긴 뒤에 아이가 실컷 배가 부르면 이후 자신의 음식을 입에 넣는 것과도 같다. 어미 새가 맛있는 벌레를 잡아와서 둥지 안에 있는 새끼들에게 먹이려 하면 새끼들은 입을 열고 짹짹거리는 것과도 같은 모습이다.

우리 부부가 중간 정도 먹었을 즈음 주위에 있던 직장인들은 대부분 식사를 마치고 먼저 일어섰다. 그런 뒤에 우리 부부를 힐끗 쳐다보면서 다들 식당을 나갔다. 조금 후 주인이 탁자를 정리하는 동안 또 다른 직장인 두서너 팀이 또 들어왔다. 아까와는 정반대였다. 먼저 왔던 사람들은 금방 우리 부부를 눈치채지 못했으나 이번에는 확연히 달랐다. 그들은 음식을 주문한 뒤 기다리는 동안 우리 모습을 유심히 관찰하는 것 같았다.

우리가 점심을 모두 끝냈을 때 뒤늦게 들어왔던 그분들도 식사를 마치는 것 같았다. 그런 모습은 우리에게 날마다 일어나는 일상생활이지만 그분들은 신기하게 쳐다보았다. 우리가 완전히 식사를 끝내는 데는 최소한 삼십 분 이상 걸린다. 내가 먼저 식사를 거의 마치면 아내도 국물까지 모두 먹고, 접시에 남은 고깃조각까지 남김없이 먹는다. 조금도 남기는 법이 없다.

친구인 김선완 교수는 우리 부부의 식사 방법을 두고 '천국 만찬의 예고편'이라고도 한다. 그는 "세상에서 모두 제것을 각자 먹는 데 열중하지만 천국에서는 기다란 수저를 들고 서로 떠먹여 주어야 살아갈 수 있다"고도 했다. 참으로 우리 부부의 식사법에 대해 그럴듯한 해석이다. 아내는 이쑤시개까지 챙겨 내 치아를 살피고는 물까지 먹여 주었다.

세종대왕의 지혜로

우리는 든든하게 먹고 문을 나섰다. 무교동에서 다시 종각을 거쳐 광화문 도로의 한가운데로 천천히 걸어서 들어갔다. 오늘 장도에 오르기 전에 세종대왕과 이순신 장군을 만나보고 출발하기로 하였다. 먼저 세종대왕 앞으로 걸어갔다. 조선 500년 동안 스물일곱 명의 임금 가운데 가장 위대한 세종에게 천리길을 걸어가는 지혜를 빌리고 싶었다. 그분은 웅장한 좌석에 앉아 말없이 우리 부부를 지긋이 내려다보셨다.

세종대왕은 훈민정음을 창제하여 서로 말과 뜻이 소통되도록 하였다. 뿐만 아니라 그는 백성들의 삶을 자세히 알기 위해 경복궁 뒤쪽 북한산 기슭에 텃밭을 만들어 직접 똥장군을 지고 거름을 넣어 농사까지 지었던 임금이다. 박정희 대통령이 재임한 18년 동안 매년 봄마다 모내기를 하신 것과 같은 것일까? 세종대왕은 몸소 온갖 체험을 통해 지혜를 얻은 뒤에 풍토에 맞는 농법을 적은 '농사직설'을 글로 담도록 하였다. 그의 통찰력을 배우고 싶었다.

당시 사관들의 기록을 정작 임금은 열람할 수 없도록 국법으로 정해 두었기에 나는 조선왕조실록을 대부분 기록대로 믿고 싶다. 쉽게 말하자면 당대 조선의 모든 분야, 즉 법제, 의례, 음악, 지리학, 역사학, 언어학, 천문학, 군사학, 기계공학, 농학, 의학을 발전시킨 것은 물론 백성의 복지 수준도 향상시켰다.

특히 세종대왕 시기의 장애인 복지는 조선시대 당시 사회적 배경 속에서도 상당히 진보적인 측면이 있었다. 세종은 장애인을 단순히 보호해야 할 대상으로 여기지 않고 일반인과 어울리는 사회 구성원이 되도록 그들의 역할을 돕는 정책을 세워 나갔다.

이를 위해 장애인들이 관직에 나아가도록 배려하고, 직업을 가질 수 있는 제도까지 있었다. 맹인도 기술이 있으면 특별시험을 거쳐 관직을 부여하여 생계를 유지할 수 있도록 하였다. 관청에서 음악을 담당하는 관습도감에 맹인 음악인을 채용하도록 권장하였고, 궁중음악까지 가르치기도 했다고 한다.

조선시대는 장애인을 돌보는 복지제도까지 있었는데, 세종은 이를 더욱 발전시켜 장애인들에게는 면세와 생계를 유지할 수 있는 토지와 일정한 양식을 지급하는 정책도 시행하였다. 뿐만 아니라 세종은 장애인을 단순히 불쌍한 존재로 보는 것이 아니라 능력에 맞는 역할을 발휘하도록 직업개발을 하는 등 오늘날과 못지않은 장애인 복지정책을 시행한 것을 눈여겨볼 필요가 있다.

세종은 나라의 장래를 위한 경연(經筵)에도 매주 쉬지 않고 참가했다. 오늘날 국무위원들이 모여 국정을 토론하는 것과 같은 것. 요즘 대통령실 국무회의에서도 제대로 토론이 이뤄지고 있는지 알 수가 없다.

'신하들 중에 자신에게 반론을 제기하며 자기 목소리를 내는 인물이 없다'는 것을 지적한 세종은 "문제를 지적하고 의논하자"는 말로 평소 경연을 시작하기도 했다. 조선왕조실록에 등장하는 경연 횟수는 태종 재위 18년간 약 60회의 경연을 한 것으로 기록되어 연간 3.3회 정도였다. 그런데 세종은 제위 32년간 약 2,000회 경연을 실시했기에 이는 연간 60회로 한 달에 평균 5회 정도였다.

이제 오늘부터 나는 40일 동안 무더운 여름과 싸워야 한다. 부디 일정 동안 아무런 사고 없이 마칠 수 있도록 오랫동안 동상 앞에서 마음으로 빌었다.

불굴의 이순신 장군

나는 이번 국토 종주의 목표를 세 가지로 잡았다. 나라와 지역을 생각하며 '대구·경북의 통합을 기원', '장애인들을 위한 진정한 복리증진'이다. 그리고 더 소원이 있다면 나를 위해 헌신하다가 자기 몸을 제대로 돌보지 못한 '아내에게 새로운 희망'을 주고 싶었다.

세종대왕상 앞에서 천천히 광화문 네거리에 있는 이순신 동상 앞으로 걸음을 옮겼다. 서울에서 경기도와 충청도를 거쳐 경북지방과 대구로 걸어가는 데는 무슨 일이 일어날지 아무도 모른다. 세종대왕과 같은 지혜와 충무공 같은 불굴의 의지로 걷고 싶었다. 나라와 백성을 위해 자신의 목숨을 바친 진정한 군인에게 나의 연약함을 맡기기로 하였다.

긴 칼을 찬 이순신 동상이 너무나 높게 보여 조금 멀리 떨어진 곳에서 기도를 올렸다. 위국충정의 당신에게도 어려움이 많았을 것이다. 그는 임진왜란에서 23전 23승으로 불패의 신화를 남겼다. 위기

속에서 피난 온 백성들과 함께 전쟁을 준비하였고, 전투에서도 솔선수범하는 리더십으로 결코 물러서지 않았다. 리더십은 모든 사람의 정신력이다. 그런데도 '임금의 명을 어겼다'는 이유로 포승줄에 묶여 한양으로 압송하기도 했다. 위대한 인물은 온갖 고초를 겪고야 탄생하는 것일까.

그는 1545년 4월 28일, 한양(한성부) 건천동에서 아버지 이정(李貞)과 아내 초계 변씨(草溪 卞氏)사이에 셋째 아들로 태어났다. 그들 부부는 아들만 넷을 두었다. 어머니 초계 변씨는 아들을 데리고 친정이 있는 아산으로 이사를 하였다. 어머니는 아들을 무인으로 키우기 위해 이순신을 장군 출신에 보성군수를 지낸 방진의 딸인 상주 방씨와 결혼시켰다.

임진왜란 7년 전쟁의 막바지인 1598년 12월 16일, 그는 노량해전에서 바람을 이용한 화공 전술을 펼쳐 적선 200척을 격파하는 등 일본군 수만 명을 섬멸하는 세계적인 전과를 올렸다. 그러나 밤샘 전투에서 날이 밝아 올 무렵 난파된 적선에서 쏜 총탄에 맞아 장렬한 최후를 맞아 54세 일기로 순직했다. 그는 오직 나라와 백성을 지킨 충무공 이순신 장군이시다.

그는 뛰어난 지략과 용맹함으로 싸웠다. 모든 전투에서 승리한 끝에 한 번도 패전하지 않고 역사상 유례가 없는 전무후무한 기적을 이뤄냈다. 모든 것을 이겨낸 그는 마침내 난을 평정한 뒤 홀연히 성스러운 자태를 감추었던 것이다. 단지 영웅이라 부르기에는 부족할 정도로 너무나 위대한 인물로 우리는 '성웅 이순신'이라는 칭호로 그를 부른다.

불굴의 능력과 참다운 인격을 갖춘 최고의 명장이었다. 그는 세 번이나 삭탈관직을 당하고 백의종군한 고난을 겪으면서도 '꺾이지 않은 정신'과 의지, 그리고 모든 과업을 완수한 뒤 전쟁터에서 목숨을 거둔 위인으로 국민들의 추앙을 받아 마땅한 인물이 되었다. 만약 마지막 해전에서 전사하지 않고 살아남았다면 무슨 영광이 있었을까?

전쟁의 악조건 속에서도 스스로 일어나 싸웠듯이 나도 이순신 장군의 정신처럼 끝까지 완주할 것이다. 그리하여 '대구·경북의 통합', '나와 같은 장애인들의 복지' 그리고 무엇보다 '아내의 건강회복'을 위해 간절한 기도를 가슴에 담았다. 그리고 고개를 들어 하늘을 보자 한낮의 태양은 더욱 뜨겁게 달아올라 있었다.

덕수궁 돌담길

이제 아내와 헤어져야 할 시간이다. 아내의 건강으로는 도저히 함께 걸을 수 없기에 나보다 먼저 걸어가는 곳에 머물면서 숙소와 식당 등을 알아보는 일을 맡았다. 나는 아내에게 여의도 부근에서 기다려 달라고 했다. 아내에게 5호선 전철로 여의도에 내리도록 누누이 일러 주었다. 시청 뒤쪽에 있는 지하철 통로를 따라 힘겹게 내려가는 아내가 애처로워 안 보일 때까지 지켜보았다. 아내도 가다가 다시 뒤돌아보는 등 걱정스러운 눈빛이다.

가장 뜨거운 오후 2시, 본격적으로 걸음을 떼었다. 오늘 마음을 다지는 데 너무 많은 시간을 보낸 것 같다. 코리아나호텔 쪽에서 덕수궁 앞을 지나 서울역 방향으로 걷기로 마음을 먹었다. 돌담장이 높아서 인도에 작은 그늘을 만들어 주는 바람에 안쪽으로 붙어 서서 걸어갔다. 덕수궁 정문은 활짝 열려 있었으나 더위로 거리에 사람들을 찾아보기 어려웠다. 좌측에는 시청 광장과 함께 프라자호텔이 우뚝 치솟아 있었다.

명동 쪽으로 쳐다보자 롯데백화점과 호텔도 위용을 자랑하는 것 같았다. 인도를 따라 남대문 쪽으로 걸어가자 시내를 달리는 차량 외에 걸어 다니는 사람은 거의 없었다. 이날은 35도 이상으로 기온이 상승해 있었다. 잠시 걸었는데도 땀이 온몸을 적셨다. 도시의 건물 그림자를 따라 안쪽으로 살살 걸었으나 열풍으로 더위가 심하게 느껴졌다.

이날 서울 지리는 '도보용 내비'에 의존키로 했다. 길을 안내하는 걷기 전용 내비는 내 유일한 친구이자 가이드인 셈이다. 우측 다리에 묶인 폰이 들려주는 소리는 도심의 소음으로 정확하게 알아듣는 데 상당한 시간이 걸렸다. 처음에는 내비가 내는 소리에 익숙하지 않아 지도에서 본 도로를 따라 걷기도 했다.

남대문이 나오고 도로가 쭉 뻗어 있는 서울역 방향으로 나아갔다. 그러자 '걷기 전용 내비'는 자꾸만 나에게 자세한 길을 안내하려고 뭐라고 하는데 적응이 안 되어 잘 알아먹기도 어려웠다. 내비는 아마도 서대문 쪽에서 여의도로 가라는 신호를 보내는 것 같다. 여의도로 가려면 서대문을 통해 마포로 가야 하는데 내 걸음은 조금 익숙한 좌측으로 틀어지고 있었다.

남산과 용산대로

마음은 이미 남산을 보면서 용산대로를 걷고 싶었다. 서울에서 아는 길이라고는 그것이 전부였다. 평소 서울역에 내리면 늘 남산의

푸른 숲을 보았기에 오늘은 좀 더 자세히 보고 싶었다. 아예 남산도로를 올라 하얏트호텔을 거쳐 한남동을 통해 한강으로 나아가고 싶었다. 하지만 첫날은 여의도 국회의사당까지를 코스로 잡았다.

그런데 내비는 자꾸 다른 곳을 알려 주었다. 나는 조금 아는 길을 따라 걷고 있었다. 내비는 자꾸만 양재고 쪽으로 올라가 마포로 가도록 했지만, 나는 서울역에서 용산으로 가고 있었다. **자동차의 우측 깜빡이를 넣고 좌측으로 핸들을 돌리는 것이나 다름이 없었다.** 내 마음은 사실 대통령이 있는 용산을 가보고 싶었다.

삼각지에서 이르러 좌측에 국방부의 건물과 대통령 집무실을 쳐다보았다. '대구·경북 통합'에 대통령도 힘을 보태 주었으면 하는 마음으로 걸었다. 대구시장과 경북도지사의 노력도 필요하지만 500만 지역민과 중앙정부가 함께 노력해야 주민들이 원하는 지역 통합이 가능하다.

국방부 건물을 쳐다보는데 정작 눈길을 끄는 것은 새로 개발되는 용산공원이었다. 2017년 용산 미군기지가 평택으로 옮겨 가면서 비워진 용산 땅은 숲으로 푸르게 덮여 있었다. 과거 부산에서 경부선을 통해 군수물자가 올라오면 짐이 내려져 미군기지로 옮기기 쉬운 곳이 용산역이다.

용산지역은 근대 역사의 산실이다. 1904년 러일전쟁이 일어나고 일본군이 용산지역에 진주하면서 40년 가까이 그들의 조차구역이 되었다. 해방 후 미군이 다시 진주하면서 용산기지는 이후 70년 동안 유엔 연합사까지 활동하게 된 곳이다. 사실 일본군이 들어오기 전에는 청나라 군대가 주둔하기도 했었고, 6.25전쟁 중에는 인민군사령부가 잠시 있었던 곳이다.

정치 없는 여의도 1번지

사람들은 여의도를 두고 '정치 1번지'라고 부른다. 그런데 오늘날 국민들을 대변하는 대의기구인 국회에 국민은 존재하는 것 같지 않다. 오직 힘 자랑하는 동물들이 우글우글 몰려 있는 것 같았다. 2년 전 대선에서 윤석열 대통령을 뽑은 대신 22대 국회는 여소야대 구조를 만들어 버렸다.

국민들은 정부와 여당을 견제하기 위해 야당에 더 많은 표를 몰아주어 야당이 마음대로 할 수 있는 환경을 만들어 버렸다. 국회가 개원되자마자 '대통령을 탄핵하겠다'는 말이 여기저기에서 튀어 나왔다. 정치계에 정치는 없고, 오직 자기들의 이해관계를 위해 투쟁하는 힘 자랑에 몰두하고 있는 것 같았다.

아내에게 '여의도 쪽에 숙소를 잡고 기다려 달라'고 한 것은 그래도 전국 종주길에 나서면서 정치 1번지인 국회의사당을 바라보면서 하룻밤을 보내기 위해서였다. '나라를 위해 정치를 잘해 달라'고 기도하는 맘으로 여의도 부근 마포에서 하룻밤을 보냈다.

△ 7/15 첫날, 광화문-국회의사당, 12km, 1만 6643보

여의도에서 예술의 전당까지

〈7월 16일, 화, 땡볕〉

아침을 챙겨 먹고 오전 9시에 길을 나섰다. 오늘부터는 특별한 일이 없으면 출발시간을 지키려고 한다. 무더운 여름날이라 가급적 오전에 많이 걸어야 한다. 유난히 날씨가 고르지 못하고 특히 폭염이 심했다. 기상청은 2018년 이후 가장 변덕스러운 날씨라고 하였다.

처음 전국 종주길을 시작하기 전에는 주변에서 무척 말렸다. '성하지 않은 몸으로 여름철 무더위에 천리길은 턱도 없다'는 것이었다. 특히 이철우 경북도지사가 가장 말렸다. "뜻하는 바는 알지만 이런 몸으로 죽으려고 하느냐"고 했다. 하지만 맘을 먹었을 때 출발해야 했다. 이것을 다짐한 것은 2023년 가을이었다.

이날 노량진 수산시장 옆으로 돌아 신길역에서 길이 조금씩 어긋났다. 네이버 길찾기 안내만 믿었는데, 길을 빙 둘러 가도록 설계되어 있는 듯했다. 어쩌면 원칙만으로 길을 안내해 주는 것 같기도 하였다. 자동차 내비처럼 표시된 길을 안내하는 게 아니라 자전거 길로 자꾸만 안내하는 등 엉뚱한 방향으로 가는 바람에 조금 후 같은 장소로 되돌아오는 실수가 잦았다.

그만 '걷기 전용 내비'를 꺼버렸다. 충분하게 연습을 해보지 않은 것도 내 불찰이다. 천리길 전국 종주길을 위해 일 년 전부터 매일 16km를 아는 길만 꾸준히 걸었다. 이런 경우를 대비해 모르는 길에 들어가 '걷기 전용 내비'를 사용해 봤어야 하는데, 그러질 못했다. 서울에서 대구까지 걸어 본 사람의 책을 미리 읽어 보는 것을 게을리하였다.

청와대 민정수석을 지낸 조대환 변호사가 서울에서 청송까지 천리길을 걸었다. 그는 박근혜 대통령 탄핵이 인용된 2017년 3월 10일, 끓어오르는 울분을 참지 못해 길을 나섰다. 서울에서 영남선비길을 따라 안동과 의성을 통해 고향인 청송까지 걸었다. 그는 이듬해 다시 대구에서 서울까지 걸었다. 영남 선비길을 따라 천리길을 두 번이나 왕복한 사람이 '남들길'이라는 제목으로 책을 남겼다.

나보다 먼저 이 길을 걸었던 이의 책을 제대로 읽어 봤다면 이런 고생을 덜었을 것이다. 조대환 변호사께서 청와대 앞에서 성남으로 갈 때는 한남동을 통해 곧장 한강을 건넜을 것으로 보인다. 그런 후 과천을 통해 경기도로 나갔던 것을 나중에 책을 통해 알았다. 1년 후 대구에서 올라올 때는 수서길로 들어와 서초구 매헌로 '윤봉길 의사 기념관'에 도착한 것으로 나타났다.

나는 서울에 이처럼 골목길이 많은 줄 몰랐다. 신길역에서 한성대학교를 바라보면서 좌측으로 돌아 교대 부근의 예술의 전당으로 무작정 걸었다. 여전히 골목길이 많고, 정비되지 않은 언덕길이 어찌 그리도 많은지 마치 달동네를 찾아서 올라가는 것 같았다.

실제 걸어서 가는 길에 직선로는 없다고 보아야 한다. 골목 안으로 구불렁구불렁 돌아서 좋은 길이 나오면 금방 꺾여져 다른 쪽으로 뻗어 있었다. 나는 내비 지도에서 최단거리를 찾아서 걸을 수밖에 없었다. 멀리 관악구가 보이는 것을 보면 서울대 좌측으로 돌아가는 방향으로 짐작이 됐으나 도무지 길을 가늠하기 어려웠다. 골목길에서 지도를 통해 동서남북을 찾기란 정말 어려웠다.

예술의 전당으로 가는 방향은 서초동 검찰청과 법원으로 가는 방향이었다. 작은 골목 안에서 큰길로, 다시 큰길에서 좁은 소로를 통해 같은 방향으로만 걸어서 갔다. 때로는 지나가는 사람들에게 길을 묻기도 했다. 지도를 보면서, 묻기도 하면서 찾아가는 예술의 전당은 더욱 멀게 느껴졌다. 시간은 벌써 점심시간을 지나고 오후 2시를 넘어서고 있었다.

중증 장애인이 '전국 종주길에 나선다'는 소식을 들은 '복지TV' 취재팀이 2시까지 예술의 전당에서 기다린다는 소식을 아내로부터 전화로 전해 들었다. 여러 차례 쉬면서 점심시간을 넘겨 약간의 허기가 느껴졌다. 아내가 당뇨병으로 제때 식사를 해야 하는데, 내가 없으면 식사를 불규칙적으로 해왔다. 그렇게 서울 시내에서 헤매면서 오후 3시가 넘어서야 예술의 전당이 멀리 나타났다.

'복지TV' 취재팀은 내가 오는 모습을 보고 한참이나 무거운 장비를 들고 달려와서 내가 도착하는 모습을 찍고 있었다. 지치고 허기진 모습을 보이지 않기 위해 정신을 바짝 차렸으나 서울은 낯선 이방인을 쉽게 받아주지 않았다. 방송국의 인터뷰를 마친 뒤 작은 식당으로 들어가 함께 음식을 시켰다. 두 팔이 없는 나에게 음식을 떠먹여 주는 아내의 모습을 카메라에 담는 것 같았다.

1박 2일 동안 광화문에서 여의도를 거쳐 예술의 전당까지 온 것이 전부였다. 첫날은 오후 한나절을 걸었고, 둘째 날은 골목길을 순례하듯이 서울의 도심에서 서초동으로 나아가는 길을 체험한 것이나 다름이 없었다. 우리 부부는 잠시 경북으로 다시 내려가야 했다. 오는 18일과 19일에는 오래전 잡힌 특강이 있었다.

예술의 전당에서 지하철을 타고 서울역으로 갔다. 저녁 늦게 대구를 거쳐 밤 10시가 넘어서 경산집에 도착했다. 힘든 하루를 보냈다. 두 차례의 특강이 잡혀 있었기에 하루 정도는 회복의 시간을 가져야 강의에 임할 수 있다. 강의는 나에게 소중한 자산이다.

40대 후반에 대학에 입학해 10년 만에 취득한 직업재활 박사학위를 써먹을 기회는 오직 강의뿐이다. 2022년부터 문경대학교에서 강의를 시작하면서 점차 특강이 늘어나는 것 같았다. 이제 강의에 자신감도 살아난다.

△ 7/16, 국회의사당-예술의 전당, 21km, 2만 8920보

봉화, 칠곡으로

〈7월 18·19일, 특강〉

밤늦게 대구로 내려와서 그런지 피곤에 쩔어 그만 다음 날 오전까지 잠을 자고야 말았다. 누군가 도와주는 사람이 있었다면 이틀 동안 서울에서 그리도 헤매지를 않았을 것이다. 하루를 쉬면서 회복되길 기다렸다.

이튿날 18일 오전, 아내의 승용차를 이용해 봉화로 갔다. 아내가 간경화 등으로 아프고부터 장거리 운행은 가급적 피하고 있지만 경북도내는 버스보다 승용차가 편리하다. 이틀 동안의 서울시내 걷기로 온몸이 피곤하였으나 하루만 쉬고 18일 오후 2시부터 5시까지 봉화에서 열리는 '사회복지사 보수교육'에서 강의해야만 했다. 아직 몸이 피곤했지만 특강은 무사히 잘 마쳤다.

다음 날 19일 오전에는 칠곡 동명에 있는 경북도 인재개발원에서 '신규 공무원 교육과정' 두 시간짜리 특강을 연이어 잘 소화하였다. 오후에는 다시 서울로 올라가 그제 걷기를 중단하였던 서초동 '예술의 전당'에서 성남시청까지 걸어가야 한다. 죽기 아니면 살기였다.

'하루 더 쉬고 하자'는 아내의 만류가 있었으나 KTX를 타지 않고 아내가 운전하는 승용차로 서울 서초동에 도착했다. 예술의 전당 인근 숙소에서 묵었다. 지난 이틀 동안 서울에서 헤맨 것을 생각하면서 무엇이 잘못되었는지를 곰곰이 살펴보았다. 그리고 처음에는 조금 힘이 들더라도 8월 25일까지는 종주길을 마쳐야 대학교 2학기 개강에 지장이 없을 것 같았다.

'양팔 없는 왼발박사' 이범식, 서울~경산 400km '도보 종주' 나선 이유는

[매일신문 김진만 기자, 2024년 7월 14일]

감전사고로 양팔과 오른쪽 다리를 잃어 오른발에 의족을 한 이범식 박사가 서울에서 경산까지 400km 도보 종주를 위해 하루 전에도 경산 남매지에서 걷기 훈련을 하고 있다. 10개월 동안 하루도 빠짐없이 훈련을 해왔다.

22살 때 고압 감전사고로 양팔과 오른쪽 다리를 잃은 중증 장애인으로, 온갖 시련을 극복하고 47살 늦깎이로 대학에 입학해 10년 만에 박사학위를 얻어 대학 강단에 선 이범식(59·경북 경산) 씨가 서울에서 경산까지 약 400㎞ 전국 도보 종주에 나선다.

이범식 박사의 별명은 '양팔 없는 왼발박사'다. 사지 가운데 왼발만 성하다. 오른발은 의족을 착용한다. 정상인들에 비해 몸의 균형을 잡기가 쉽지 않다. 그는 15일 오후, 서울 광화문 세종대왕상 앞에서 전국 도보 종주를 시작한다. 광화문에서 출발해 용산 대통령실과 국회의사당을 거쳐 경기도 성남~이천~충북 음성~괴산~경북 문경~예천~안동 경북도청~의성~군위~대구~경산까지 약 400㎞를 40일을 걸을 예정이다.

이 박사가 힘든 도전을 하면서 내건 메시지는 '대구·경북 통합'과 '장애인 복지 향상'이다. 그는 "지금까지 삶의 목표는 개인의 성장이었지만, 개인적 노력만으로 해결되지 않는 부분이 있다는 것을 절감하고 있다. 개인이 아무리 노력해도 장애인의 재활 환경이나 복지가 수도권에 비해 지방에서는 많이 열악하다는 것을 절감한다"고 했다.

또 "장애인들에게는 도전에 대한 용기와 인내, 이룰 수 있다는 희망을 전하고자 한다"고 이번 종주의 취지를 말했다. 이 박사는 1년 전부터 하루 5시간 이상 22㎞ 정도 걷기와 근력운동을 하면서 체력을 길러 왔다. 절단된 환부와 의족이

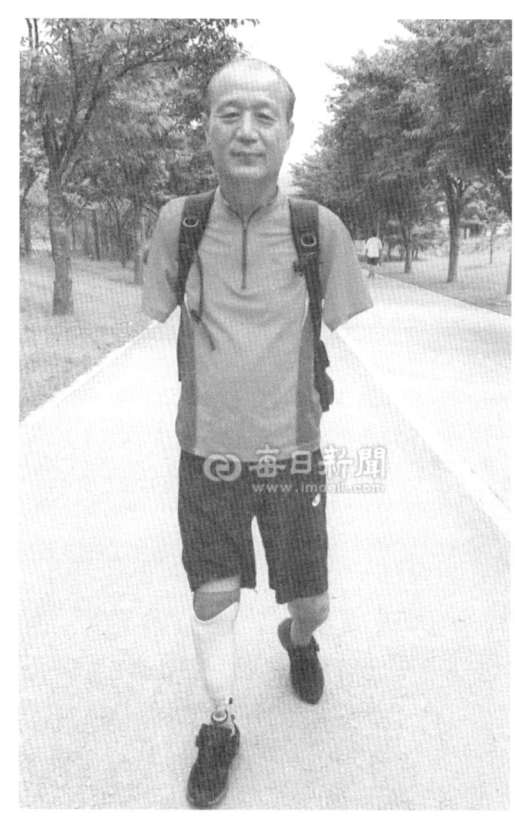

딯는 부분의 고통을 최소화할 적응훈련까지 이어왔다. 40여 분쯤 걷고, 10~20분쯤 쉬면서 의족의 열을 식히는 식으로 하루 15~20㎞씩 걸을 걷기로 했다.

간경화증으로 투병 중인 아내 김봉덕(57) 씨도 동행한다. 김 씨는 남편이 홀로 걷는 동안 택시와 대중교통을 타고 미리 이동해 식당과 숙소를 잡아주고, 양팔이 없는 남편이 할 수 없는 용변 등 생리현상의 뒤처리나 목욕·빨래, 비상 사태 대응 등 지원군 역할을 할 계획이다.

"중요한 것은 꺾이지 않는 마음"이라고 강조한 이 박사는 자신의 유튜브 채널 '왼발박사'에서 도보 종주 현황을 직접 중계한다. 이동 구간 지역에서 활동하는 사회복지사들도 틈틈이 종주에 동참할 예정이다.

"저의 도전을 통해 장애인에 대한 부정적 인식이 개선됐으면 합니다. 제2, 제3의 이범식이 나오지 않고 저처럼 힘든 삶을 살지 않아도 되는 환경, 각자 자신의 꿈을 펼치고 삶의 가치를 존중받으며 사회에 공헌할 수 있는 환경이 마련되길 바랍니다. 그래서 모두가 함께하는 따뜻한 세상 만들기의 토대가 됐으면 하는 바람"이라고 했다.

서울에서 경기도로 진입

⟨7월 20일, 토, 용광로 더위⟩

서울을 벗어나 지방으로 가는 길에는 난코스가 많기 때문에 아내는 승용차를 이용하여 내가 걷는 길에 앞서서 숙소를 잡고 식당도 알아보기로 했다. 20일 오전 9시, 예술의 전당 앞에서 성남시청을 향해 걷기 시작했다. 아내는 미리 성남시청 앞에서 기다리기로 했다. 나는 예술의 전당 뒤편으로 쭉 올라가 청계산 입구를 통해 성남으로 곧장 들어가는 최단 코스를 택했다.

비교적 차량이 많았으나 인도가 잘 단장되어 도시를 빠져나가는 데는 어렵지 않았다. 이틀 동안 강의를 하면서 제법 휴식도 되었기에 걷는 데는 무리가 없었다. 사실 걷는 것도 두 팔이 있으면 팔을 앞뒤로 젓는 힘으로 나아가기가 쉬운데, 나에게는 두 팔이 없기에 어깨를 앞뒤로 흔들면서 걸어야 한다. 남들이 뒤에서 보면 술 취한 사람이 걷는 것처럼 보일 수도 있다.

나는 평소 장애용 휠체어를 이용하지만 가급적 지하철과 시내버스 등 대중교통을 많이 이용하려 한다. 오늘은 50분을 걷고, 10분을

쉬면서 걸어가는 방법을 정하여, 쉼 없이 걸었다. 이번 전국 종주길은 '대구·경북의 통합'과 '지방 장애인의 복지향상' 두 가지의 목표가 있지만 무엇보다 나 자신과의 싸움이다.

그래도 '서울에서 경북까지 40일 내에 걸어내야 한다'는 목표를 확실히 세워 두었다. 목표를 정했다고 하여도 기한을 설정해야 제대로 이뤄낼 수 있는 것이다. 이번 전국 종주길은 '대구·경북 통합'과 '장애인 복지향상'이란 목적이 있지만 사실 그 목적에 기한을 정하지 않으면 결과를 이룰 수 없기 때문이다.

무엇보다 대학생들을 가르치는 학기 중에는 장기간에 걸쳐 걸을 수 없기에 삼복더위라 할지라도 이번 방학을 활용해 최초의 종주를 이뤄내야만 한다. 특히 이번 첫 종주길은 이제 시작에 불과하다. 앞으로 광주~대구 간 동서횡단과 대구에서 부산까지, 155마일 DMZ를 주파해야 전국 종주길이 완성되는 것이다.

그런 후에 서울에서 파주와 개성을 거쳐 평양까지 걸어보는 것이 또 다른 평생의 소원, 버킷리스트(Bucket list)이다. 산악인들이 세계 최고봉 14곳을 완등하는 것을 목표로 하는 것과 같이 내가 '전국 종주길'을 넘어 남북통일을 위한 서울~평양길을 종주할 수만 있다면 더 이상 바랄 것이 무엇인가?

서울을 벗어나 성남비행장 쪽으로 방향을 바꾸면서 이제 삼 일 만에 서울을 벗어나 경기도에 접어들었다. 성남은 분당을 끌어안고 서울의 혜택을 가장 많이 받고 있는 지역이다. 우스갯소리로 소위 '천당 위에 분당이 있다'고 할 만큼 그곳은 분당에서 수서를 통해 서울로 통근하기 좋은 교통여건을 가지고 있다.

동충하초를 넣은 백숙

고향식당에서
우연히 만난 격려자

성남에 들어서면서 시간은 이미 오후 2시를 넘겼다. 배꼽시계도 울리고 있다. 아내가 미리 정해 놓은 곳은 '고향식당'이었다. 메뉴판을 보자 대부분 백숙 중심으로 닭고기를 파는 것 같았다. 아내는 '걷는데 에너지가 많이 소모되기에 잘 먹어야 한다'면서 메뉴판에 가장 비싼 '동충하초를 넣은 닭백숙'을 시켰다.

아내가 선정한 '고향식당'은 메뉴도 좋았지만 무엇보다 '우리 부부가 전국 종주길에 나섰다'고 말하자 주인 아주머니께서 우리를 애살스럽게 맞아 주셨다. 동충하초를 넣은 백숙을 맛있게 요리하는 시간은 다른 음식들보다 더 걸렸다. 그런데 식당 안 우리 탁자 맞은편에 어른들 여러 명이 마치 서로 싸움하듯이 떠들썩하게 와자지껄하였다.

처음에는 조금 놀랐으나 조금 후 그들은 싸우는 것이 아니라 친구끼리 장난을 치고 있다는 것을 알게 됐다. 그들은 주물럭을 시켜서 술 안주로 먹고 있었다. 이제 우리 식탁에도 김이 무럭무럭 올라오는 백숙 한 마리가 나왔다. 둘이 먹기에는 양이 좀 많아 보였다. 아내는 주인에게 접시 4개를 요청하여 백숙을 나누어 담고는 맞은 편 탁자에 있는 손님에게 먹어보라고 건네주었다.

그러자 그들은 장애인 부부의 행동을 좀 의아스럽게 여기면서도 우리가 주는 백숙을 사양하지 않고 덥석 받아서 먹기 시작했다. 우리도 시장하기는 하였지만 남은 것으로도 점심 식사는 충분했다. 그런데 식사를 먼저 마친 남자분들이 먼저 일어나면서 백숙값 5만 원을 덜렁 내는 것이었다.

전혀 생각지도 않았던 행동이었다. 그것을 말렸지만 그들은 '종주를 잘 마치라'면서 격려까지 해주고 손을 흔들어 주었다. 아내는 달려가서 기어코 휴대폰 번호를 알아내어 돌아왔다. 나중에 갚아야 한다는 것. 우리는 숙소에 들어가 두 시간 정도를 쉬었다가 저녁에 다시 고향식당에 갔다. 그런데 이번에는 주인 아주머니가 '천리길 걷는데 고생이 많다'면서 식대를 받지 않았다. '낼 아침에도 식당에 와서 우리 부부와 집밥같이 먹고 종주에 나서라'고 격려해 주셨다.

△ 7/20, 예술의 전당-성남시청, 15km, 2만 648보

고향식당, 음식값 받지 않아

〈7월 21일, 일, 목마름〉

아침 식사 후 아내가 계산하려고 하였는데 이때도 주인 아주머니는 손사래를 치면서 '고생하는 부부가 무탈하게 마치도록 응원하겠다'며 '식사비를 안 받겠다'고 했다. 참으로 고맙고 기분 좋은 아침이었다. '중증 장애인이 먼 길을 걸어간다'는 것이 그들 부부에게 어떤 의미로 보였을까? 우리는 '고향식당'에서 진짜 고향사람을 만난 것 같은 훈훈한 인심을 확인하고 다시 길을 나섰다. 저절로 힘이 나는 것 같았다.

역시 '고향식당'의 간판처럼 인심은 무시할 수가 없었다. 이후 우리 부부는 종주를 마친 뒤 동초하초 백숙의 식사비를 내 준 그 아저씨와 고향식당 주인 아주머니 앞으로 샤인머스켓 한 상자씩을 택배로 보냈다. 이틀 후 그 아주머니는 "종주길을 무사히 잘 마쳤느냐"며 전화로 안부를 묻고는 "과일도 잘 받았다"는 인사를 했다. 그러고는 "성남에 오면 친척집같이 자기 식당에 오라"고 신신당부를 하였다.

우리가 고향식당에서 생각지도 않게 환대를 받았던 그때도 아내는 무척 피곤해 보였다. 나는 아내에게 경기도 광주시청 인근에서 숙소를 잡고 쉬도록 하였다. 아내는 3년 전에 경산에서 문경대학교까지 출강하는 나를 위해 운전을 해주었다. 1년 정도를 출강하며 너무나 피곤해하던 모습이 걱정되어 인근 의원을 찾았다. 진료 확인서를 받아 2차 병원에서 초음파 검사를 해보았다.

놀랍게도 당뇨와 간경화가 많이 진전되어 심각하다는 것이었다. 최대한 몸관리를 잘하면서 약을 먹도록 했다. 의사 선생에게 "간이식 수술 외에는 차도가 있을 수 없다"는 극단적인 말도 들었다. 당시 상급종합병원에 간이식 신청을 하고서도 벌써 3년째 기다리고 있다.

그래서 장거리 운전은 가급적 피해 왔으나 이번 종주길에 곳곳에 시골길이 많아 승용차를 억지로 몰고 서울까지 온 것이다. 나는 성남시청 앞에서 가벼운 마음으로 출발했으나 지도를 보고 현장의 지리를 가늠하기 어려운 상황에 빠졌다. 경기도 성남에서 광주로 가는 길은 그야말로 혹독한 대가를 치른 하루였다. 길을 물으면 대답하는 사람마다 다르게 가르쳐 주었다. 경기도 성남이 이처럼 길이 복잡한 곳인 줄을 몰랐다.

도심을 벗어나자 주변 도로는 자동차 전용도로 외에는 대부분 정비가 안 된 시골길이 많았다. 그렇게 이름 모를 고개를 힘겹게 넘어가게 되었다. 한참을 가다가 갈림길에서 우측 길로 들어섰는데 내 짐작으로도 '길을 잘못 들었다'는 생각이 들었다. 오던 길을 되돌아 나가서 삼거리에서 이번에는 좌측으로 길을 잡았다. 쉼터에서 노인에게 길을 묻자 그는 "광주로 가는 길을 제대로 잡았다"고 희망 섞인 안내를 해주었다.

고개를 넘어 '무더위 쉼터'라는 안내문이 있어 문을 열어 보았으나 그 경로당은 문이 안으로 잠겨 있었다. 참으로 고갯길은 쉽지 않았다. 심한 갈등으로 지쳐 있는데 마침 택배기사가 지나가다가 '전국 종주길 도보행군'이라는 표시를 보고는 차를 세우고 생수 한 병을 건네 주었다. 구세주를 만난 기분이었다. 그는 '광주 쪽으로 가는데 조수석에 타라'고 권했다. 참으로 거절하기 어려운 친절이었다.

하지만 웃으면서 거절하였다. '고맙지만 제가 천리 종주길을 걸어야 할 사람'이라고 소개했다. 한낮 2시까지 점심도 먹지 못한 채 고개를 넘으면서 체력적으로 무리가 따랐다. 그 택배기사를 만나지 않았다면 풀썩 주저앉았을지도 모른다. 생수 한 병의 가치는 정말 대단한 것이다. 그러나 종주길은 나와의 약속이기에 차를 탈 수는 없었다. '감사하다'는 인사를 두어 번 하면서 유혹을 떨쳐 버렸다.

작은 고갯길을 넘었는데 또다시 언덕길이 보였다. 땀은 비 오듯 하고, 저절로 쉬어가고 싶은 생각이 들었다. 하지만 여러 차례 쉬었기 때문에 기다릴 아내를 생각하면 더 이상 쉴 수 없었다. 언덕을 두 개나 넘어서 그런지 갈증은 심해지고 체력은 고갈되었다. 평지로 내려와 첫 번째 민가를 만나 마당으로 성큼 들어가 물을 청했다.

마당에 있던 사람은 어느 노파로 내 말을 금방 알아먹지 못했다. 자세히 살펴보자 아마도 치매에 걸린 할머니 같아 보였다. 조금 기다

리자 안채에서 아주머니 한 분이 나오시기에 물을 한 잔 청하였다. 며느리로 보이는 그분은 잠시 두 팔이 없는 나를 살피면서 약간 당황한 기색을 보였다. 한참 쳐다보다가 부엌으로 들어가 냉장고의 문을 열어 생수를 꺼내서는 곧바로 내게 스스럼없이 먹여 주었다. 참으로 감사하다는 표현으로 고개를 깊이 숙였다.

오후의 태양은 정말 뜨거웠다. 막 걷기 시작했는데 벌써 목이 타오르기 시작했다. 그리고 숨은 턱까지 차올라 "못 걷겠다"라는 말이 연신 입에서 터져나왔다. 갈증을 참을 수 없었다. 지금 바로 물을 마셔야 계속 걸을 수 있을 것 같았다. 두 번째 모퉁이를 돌아가니 작은 농장이 나타났다. 그곳에는 60대 아저씨가 보였다. 물을 청하자 그는 흔쾌히 생수를 가져와서는 직접 먹여 주었다. 그러고는 냉장고에 있는 박카스와 아로나민을 몇 알 꺼내서는 먹여 주었고, 포카리스웨트까지 내 어깨에 걸린 손가방에 넣어 주었다. 너무 고마웠다.

힘을 얻어 오늘 계획한 종주길을 완주할 수 있을 것 같았다. 농장 주인 아저씨는 "자동차 전용도로를 만나면 우측 언덕으로 올라가서 작은 길을 따라서 걸어라"고 했다. 그런데 내 눈에는 그 작은 길을 쉽게 찾을 수가 없었다. 전용도로 안으로 인도가 보여 무작정 안쪽으로 들어가 보았다. 그러다가 인도가 수백 미터 이어지다가 갑자기 딱 끊긴 것이다.

나는 다시 돌아나와서 차량을 등지고 걸을 수가 없어 반대편으로 건너가서 차로 안쪽으로 걸어갔다. 사실 굉장히 위험한 길로 여겨졌다. 가급적 몸을 많이 흔들어 운전자가 나를 잘 발견할 수 있도록 걸었으나 나가는 통로가 보이지 않았다. 참으로 난감했다. 나를 도로에서 만난 운전자들은 얼마나 불안했을까. 그러다가 잠시 굽은 길에서 공사용 차량이 드나드는 길이 보여 그곳으로 빠져 나갈 수 있었다.

힘든 길을 조금 더 걷다가 사람이 보였다. 길을 못 찾아서 헤매다가 만나는 사람이 그리도 반가울 수 없었다. 그에게 내 주머니에 들어 있는 음료를 좀 열어서 먹여 줄 것을 부탁하였다. 한 병을 다 비워 버렸다. 광주시청으로 가는 길을 물어보자 그분은 '조금 가다가 전철을 타면 두 코스 정도의 거리'라는 것이다. 한참 후에서야 '전국종주길'을 나선 것을 알아채고는 시내로 들어가는 진입로를 제대로 설명해 주었다.

이날 고개를 두 개나 넘으면서 택배 아저씨의 친절과 아주머니가 준 냉수, 60대 농가 주인이 챙겨 준 각종 음료수 등을 잊을 수가 없다. 목마름과 갈등이 심할수록 그분들의 친절은 더욱 값진 것이었다. 요즘은 날마다 종주길에서 만난 그 고마운 사람들에게 감사한 마음을 가지고 기도드린다. 미친 듯이 걸어온 시골길에도 불구하고 7시간 만에 무려 60리 길을 걸었다. 종주길을 시작한 이후 하루 동안 가장 먼 거리을 많은 사람들의 도움을 받으면서 걸었다.

숙소에 들어가자 아내는 가여운 마음으로 지친 나를 쳐다봤다. 고개를 두 개나 넘어오면서 만난 사람들 이야기를 가장 먼저 들려 주었다. 오후 4시가 다 되어 늦은 점심 겸 저녁까지 겸사로 먹었다.

이후 졸음이 끝없이 밀려왔다. 숙소에 도착하자 우선 흘린 땀을 씻어 내야만 했다. 먼 거리를 활보하면서 의족을 끼운 우측 대퇴부가 욱신거리며 통증이 밀려왔다.

서울을 벗어나 경기도 성남과 광주에 이르는 시골을 걷고 나자 서울에서 헤맸던 이틀 동안은 '한양 나들이' 하는 기분으로 여겼다. 차라리 헛웃음이 나왔다. 시원한 찬물로 샤워를 하자 저녁 무렵부터 깊은 잠에 빠져들었다. 이날은 꿈도 꾸지 않았다. 그냥 잠시 눈을 붙인 것 같았는데, 목이 말라 새벽에 일찍 일어나게 됐다.

△ 7/21, 경기도 성남시청-광주시청, 23km, 3만 1370보

7월 22일 월, 이날 새벽부터 장맛비가 내렸다. 이 때문에 경기도 광주에서 온종일 깊은 잠에 빠져 푹 쉬었더니 재충전의 기회가 되었다.

소나기와 갈증

〈7월 23일, 화, 간헐적인 장맛비〉

매일 아침 9시부터 걷기로 한 나와의 약속을 오늘도 지켜야 했다. 아내에게도 종주길에서 지켜야 할 몇 가지 기준을 제시하였다. 오늘은 광주에서 곤지암을 거쳐 이천시청까지 좀 먼 거리를 잡았다. 오직 걸어야 한다. 아내는 '먼저 가서 시설이 좋아 보이는 초월읍에 숙소를 잡아 두겠다'고 하였다.

숙소를 나와 걷기 시작하자 촬영용 핸드폰 고정대가 너무 흔들리기 시작했다. 고정하는 띠가 어깨 양쪽 겨드랑이 밑에 착 걸려야 하는데, 한 개는 벗겨지고 하나만 걸려 있어 많이 흔들렸다. 나온 길을 되돌아가 아픈 아내에게 부탁할 수도 없는 상황이었다. 그래서 그냥 걷기로 했다. 고리를 묶어 줄 적당한 사람을 만나면 부탁을 해야겠다는 생각을 하였다.

그제 너무 고생한 기억이 떠올라 과연 오늘은 이쪽 방향이 맞는지 의구심으로 걱정을 하면서 걷기 시작했다. 이름도 모르는 인터체인지와 같은 구조물이 나타났고, 차들은 제 속도를 내며 달려가고 있었다. 과연 길이 있을까? 염려를 하며 구조물 아래로 접어들자 신기하게도 인도가 길게 보였다. 너무 고마웠다.

그 길을 따라 내려가자 광주시 초월읍내로 들어가는 길이 나왔고, 하늘은 점차 검어지면서 소나기가 조금씩 내리기 시작했다. 근처를 살펴보며 비를 피할 곳을 찾았다. 인근에 작은 버스정류장이 있어 다행이었다. 버스를 타고 내리는 사람들도 보였다. 그들은 저마다의 길을 갔다. 버스정류장 벤치에서 비가 그치기를 기다렸다. 비는 오래 내리지 않고 그쳤다. 이제 나는 어딘지 모를 길을 또다시 걸어가야 한다.

내 몸에 착 붙어야 할 핸드폰 고정끈이 풀려 신경이 거슬렸다. 그것을 고정시켜 줄 사람을 찾아야 했다. 조금 걸어가자 골프웨어 상점 앞을 지나가던 청년을 불러 세우고는 '카메라 촬영대를 고정해 주는 끈을 겨드랑이 아래로 좀 당겨달라'고 부탁했다. 그 청년은 두말없이 나의 부탁을 들어주었다. 그리고 동영상이 촬영되고 있는지도 살펴달라고 했다. 익숙한 솜씨로 다시 켜 주었다.

나는 한결 가벼운 마음으로 다시 출발할 수 있었다. 3번 국도는 다행히 국도 옆에 인도가 개설되어 있었다. 걸어가다 버스정류장 간이의자에 앉아 쉬었다. 육교와 가까운 정류장이었다. 옆에 할머니가 앉아 있었지만 의식하지 않은 채 의족을 빼고 실리콘을 벗으니,

고인 땀이 빗물과 함께 주르륵 흘러 내렸다. 그 광경을 지켜보던 할머니는 벌떡 자리에서 일어나 물끄러미 나를 지켜보았다.

곧 작은 재를 넘어야 했다. 그곳은 인도가 없었다. 멀리 동원대학교가 보이는데 잘 지어진 학교라는 인상을 받았다. 재를 넘자 '이천시'라는 안내판 팻말이 눈에 확 들어왔다. 하지만 이천시내는 보이지 않았다. 그리고 어디서 본 듯한 흰색 백자 모양의 도자기 조형물이 보였다. 또 한 번 그곳에서 쉬었다.

재를 내려가는 인도는 아무도 다니지 않는 길이었다. 잡초가 인도 바닥 곳곳에 올라와서 길을 덮을 지경이었다. 아마도 장마철에 풀이 쑥쑥 자라서 올라온 것 같았다. 학생들이 방학이라 많이 다니지 않아서 그런 것 같기도 했다. 도로변에는 군데군데 장마의 흔적도 많이 남아 있었다. 한참을 따라서 내려가자 시내 입구에 편의점이 보였다.

갈증이 몰려와서 편의점에 들어가자 계산대에 있던 주인 아주머니가 반갑게 맞이해 주었다. 이온 음료인 포카리와 김밥까지 주문했다. 포장지를 벗겨달라고 부탁한 뒤 좁은 탁자 위에 올려달라고 부탁해 혼자 입으로 먹었다. 나를 물끄러미 바라보던 주인은 냉커피를 돈도 받지 않고 그냥 주셨다. 그러고는 "어디서 오느냐"고 물었다. 나는 커피를 반쯤 마시고는 "전국 종주길을 걷는다"고 하면서 대화를 이어갔다.

내가 일어서서 나가려는 찰나에 그 아주머니는 나의 조끼 옆 끈이 풀린 것을 보고는 묶어 주시면서 "나도 가진 손으로 봉사했네요."

46

라면서 웃으셨다. 두 팔이 없는 나를 도운 팔이 있는 자신의 마음을 은유적으로 표현하셨다. 시내로 접어들자 '이천시청'이란 이정표가 보여 다시 힘을 냈다. 이제 거의 다 왔구나. 안도감이 들었다. 더위로 요양병원 앞에 있는 버스정류장에서 잠시 쉬었다.

내가 의자에 앉아 의족을 벗으려고 하자 옆에 있던 젊은 아가씨가 일어나 저만치 먼 곳으로 자리를 비켜 버렸다. 내 의족을 뜯어내는 것을 보고 놀랐을 것으로 보여 괜시리 미안한 마음이 들었다. 의족을 빼서 옆자리에 세워 두고는 잠시 휴식 취했다. 휴식도 10분 이상을 넘겨서는 안 되기에 실리콘을 먼저 오른쪽 대퇴부에 끼워 라이너로 아래쪽 의족을 끼우려고 하는 순간 의족이 넘어지고 말았다.

그런데 하필 넘어지면서 안쪽 면에 있던 '길 찾기용 핸드폰'이 보도블럭과 부딪쳐 액정에 흠집이 생겨 버렸다. 이를 계기로 잠시도 방심할 수가 없었다. 횡단보도를 건너 계속 걸어가자 경찰서를 지나 이천시청에 도착했다. 마침 공무원 같아 보이는 여성분이 지나가길래 '사진 좀 부탁한다'고 요청했는데도 그냥 못 본 척 지나가 버렸다.

어렵게 한 부탁인데 그냥 가버리자 속이 좀 상했다. 마침 청년이 지나가길래 '내가 양팔이 없어 사진을 찍지 못하니, 좀 부탁한다'고 하자 그는 가던 길을 멈추고 이천시청을 배경으로 사진을 여러 장 찍어 주었다. 이에 나는 "휴대폰과 거치대를 해체시켜 가방에 좀 넣어줄 수 있느냐"고 다시 부탁했다. 아주 친절했다. '고맙다고 인사'는 두 번이나 했으나 지금껏 그 청년의 친절함을 잊을 수 없어 마음에 새겨 두었다.

오늘은 어제 '가장 많이 걸었던 거리'를 갱신하여 70리나 걸었다. 비가 간헐적으로 내리면서 더위를 잠시나마 피할 수 있었다. 이천 시청 앞에서 숙소가 있는 곳으로 이제 리턴을 해야 했다. 이천시청 앞에 있는 버스정류장에 혼자 앉아서 뜨개질하는 아주머니를 만날 수 있었다. 버스를 타고 숙소가 있는 이천역 종점에 내렸다. 이천역에 들어가 역무원이 근무하는 사무실을 찾았다.

그 이유는 필요한 편의를 받기 위해서다. 1층에서 승강장으로 올라가는 엘리베이터가 있는지와 내부 지리, 타는 곳 등을 상세히 물어보았다. 이천역 사무실은 입구가 아래층이고, 위층으로 올라가서 타는 지상철이었다. 이제 곤지암 방면으로 되돌아가는 전철을 탔다.

그곳에 숙소를 두고 있기에 종일 걸었다가 다시 돌아가는 리턴 방식으로 코스를 잡았다. 전철이 15분을 달려 숙소가 있는 곤지암에 내려주었다. 빠르게 지나가는 풍경을 바라보면서 혼자서 '오늘은 내가 멀리도 걸어왔구나'라고 생각했다. 좀 안도의 한숨을 쉬었다.

곤지암역에 내려 출구로 나가려고 하자 장애인용 출구가 막혀 있었다. 토큰이나 다른 교통카드를 사용해야만 나갈 수 있었다. 그래서 게이트를 살펴보자 호출 버튼이 보여 도움을 받아야겠다 생각하면서 벨을 눌렀다. 여자분의 음성으로 "무슨 일이세요?" "네. 제가 게이트를 통과하지 못하니, 문 좀 열어주세요." 그러자 그녀는 "교통카드를 인식하면 자동으로 열리는데요." "제가 양팔이 없어서 그러니, 문 좀 열어주세요."

그런데도 그 여직원은 건성으로만 듣고 "이번에는 열어 드리지만 다음부터는 교통카드를 사용하세요." 아직도 그녀는 내가 두 팔이 없는 것을 인식하지 못한 것 같았다. 한 번 더 인식시켜 주어야겠다는 생각에서 "보세요. 제가 양팔이 없어서 부탁한 거지요." 그제서야 알아차리고 그녀는 "죄송하다"고 했다. 사람의 고정관념이 정말 무서운가 보다. 눈앞에 팔이 없는 것은 보이지만 그것을 인식하는 데는 상당한 시간이 걸렸다.

그렇게 역을 빠져나와 다시 택시를 타야 했다. 묵고 있는 숙소가 곤지암이 아닌 초월읍내에 있었는데, 그것을 잊어버린 채 한 정거장을 남겨 두고 먼저 내려 버렸다. 나도 착각한 것이다. 주요 지명만을 기억한 채 무의식 속에 각인된 인식은 나를 곤지암역에 내리게 만든 것이다. 아내에게 연락해서 '새로운 숙소 번지를 알려달라'고 했다. 택시비를 타고 숙소로 돌아와 만보기를 보니 오늘 무려 3만 6,000보를 걸었다.

△ 7/23, 광주시청-곤지암면-이천시청, 28km, 3만 6730보

SK하이닉스와 OB맥주 공장

⟨7월 24일, 수, 이글이글⟩

오늘도 혼자 걸어야 한다. 여주시 가남에 있는 숙소를 나와 이천시청 방향으로 향했다. 사실 B 지점에서 A 지점으로 거꾸로 걸어야 하는 길이다. 가남면 숙소에 아픈 아내를 남겨두고 다시 이천까지 걸으면 목표가 완수된다. 그러면 그곳에서 버스를 타고 숙소로 되돌아오는 것이다.

가남에는 SK하이닉스와 OB맥주 공장이 있었다. OB맥주는 우리가 잘 아는 기업이지만 SK하이닉스에 대한 지식은 보편적이지 않다. 삼성반도체와 함께 우리나라 양대 반도체 생산기지다. 과거에는 가전제품이 주력 생산품이었지만 지금은 컴퓨터보다 그 속에 들어가는 메모리 반도체를 만들어내는 회사다.

조금 걸어가자 도로에 육교가 나왔고, 엘리베이터가 있었다. 반가운 마음에 엘리베이터를 타고 육교를 건너려고 했으나 작동이 멈추어 있는 도구였다. 이제 오로지 걸어야 한다는 생각뿐이었다. 의족을 한 장애인이 육교를 오르내리는 것은 너무나 힘든 걸음이다. 할 수 없이 위험하지만 육교 아래에서 양쪽을 잘 살핀 뒤에 도로를 건너야 했다.

그 길은 인도가 없는 길이어서 차를 마주 보고 걸어가야 한다. 왼쪽에는 다행히 주유소가 있고 도로는 굉장히 넓어 보였다. 한참 걸어가는데 전화가 울렸다. 주유소 화단돌 위에 걸터앉아 운동화를 벗고 왼발에 침을 묻혀 오른쪽 의족에 달려있는 휴대폰의 통화버튼을 밀어 전화를 받자 친구인 병균이었다.

"어디냐? 더운데 잘 걸어라"는 안부전화였다. "잘 지낸다"고 하고는 전화를 끊었다. 전화 받는 일이 이렇게 어렵다. 그런데 1차 '전국 종주길'을 마친 뒤 만난 젊은 교사로부터 휴대폰의 '빅스비' 기능 활용법을 배웠다. 음성으로 전화를 받거나 걸 수도 있다. 블루투스를 달고 "빅스비, 마나님에게 전화 걸어줘." 하면 와이프에게 전화가 걸리는 기능이다. 와이프는 나에게 '마나님'이다.

그동안 항상 전화가 오면 신발을 벗어 발가락으로 액정화면을 밀어서 전화를 받아야 하기에 곤욕스러웠다. 그런데 발이 땀에 젖어서 신발 뒷축이 접혀 잘 신겨지지 않았다. 두 손이 없는 장애인은 신발조차 신기 힘든 것이다. 그래서 의족을 빼고 드러난 라이너(liner)를 신발 뒤축에 끼우고 운동화를 다시 신는다. 그것은 상당히 효율적이다. 그 라이너가 구두 주걱과 같은 역할을 하는 것이다.

라이너는 내 우측 대퇴부 실리콘을 꽂은 의족의 끝 부분에 나와 있는 뾰족하고 길죽한 나사다. 이것은 아래쪽 의족을 연결해 주는 크랭크 핀 역할을 한다. 라이너를 연결하면 하체 쪽 의족이 고정되어 힘의 분산도 이뤄져 잘 지탱해준다. 이와 같은 의족도 인체과학에서 이뤄진 결정체다. 이것 하나만 연구하여 기쁨과 보람을 느끼는 의료인이 있다는 것에 늘 감사한다.

이렇게 나는 혼자 걷기 위한 또 하나의 방법을 터득해 갔다. 장평교 굴다리를 건너 다시 도로로 진입하였지만, 여전히 인도는 보이지 않았다. 나는 위험을 무릅쓰고 차량과 마주 보며 걸어갔다. 차량을 등지고 같은 방향으로 걷는 것은 나의 안전이 확보되지 않기 때문이다. 나의 안전을 상대방에게 맡기는 것과 다름없다. 그러나 차량이 오는 것을 바라보면서 걷게 되면 차량 운전자와 눈을 보기에 방어운전을 할 수 있다. 나도 몸을 좀 크게 흔들어 누군가 걸어오고 있다는 것을 끊임없이 인식시켜 주어야 한다.

이번에도 잠시 인도가 나타났다가 한참 후 흔적도 없이 사라진다. 도대체 경기도의 도로는 도심지 외에는 도로와 인도 분리가 제대로 된 곳이 별로 없다. 주로 차량 운행 중심으로 도로를 만들어 운영되는 것 같았다. 자전거 길도 없어 도보로 경기도를 걷는다는 것은 목숨을 내어 놓는 것과 같다. 특히 나 같은 중증 장애인이 일반인과 같은 조건으로 걷는다는 것은 몇 배나 어려운 것이다.

버스정류장이 나타나면 자주 쉬려고 노력했다. 의자가 있기 때문이다. 그런데 그곳의 정류장은 이용객이 언제 다녀갔는지 먼지가 뽀얗

게 앉아 있다. 워낙 차량 통행이 많은 곳이라 매일 청소해도 깨끗하기는 어려운 현실이다. 그래도 쉬어야 했다. 의족 윗부분과 대퇴부의 연결부위가 걷는 힘에 밀려 열이 생긴다. 대퇴부 안쪽의 살갗이 벌겋게 달아오른다. 통상 50분 정도씩 걸은 뒤 10분 동안 쉬면서 열기를 완화시켜야 한다. '식혀야 한다'는 표현이 정확할지 모르겠다.

이런 버스 정류장에 쉬었다 가면 골칫거리가 생긴다. 정류장 벤치를 청소하지 않았기 때문에 그곳에 묻어 있던 먼지가 의족 실리콘에 달라붙어 문제가 생긴다. 나는 왼발로 그것을 닦아내고 아래쪽 의족 라이너 구멍에 맞추어 돌려주어야 의족이 제대로 들어간다. 라이너와 의족을 지탱해 주는 연결부분이 워낙 정밀하기 때문에 깨끗이 관리해야 한다. 의족은 최소한 수백만 원에서 일천만 원까지 비싸다. 중증 장애인의 맞춤식 의족 가운데는 수천만 원이 들어가는 것도 있다. 이들 의족은 대부분 의료보험과 국가 정책으로 지원을 받고 있다.

다시 출발하자 전형적인 농촌마을이 나왔다. 사람을 만나면 반갑다. 좀 더 걸어가자 다른 정류장에 젊은 청년이 기다리고 있어서 사진 한 장 찍어달라고 부탁을 했다. 처음에는 어떻게 해야 할지, 그리고 부탁하기 민망해서 주저하였지만, 가는 곳마다 사진을 남길 수 있었다. 마치 나 스스로 약속을 잘 지키면서 걷고 있다는 것을 증명이나 하듯이 그렇게 하였다. 나중에는 그런 사진이 별 의미가 없다는 것을 느끼기도 했다.

길을 재촉하여 부발읍에 도착하였다. 그곳에 그 위대한 기업 'SK하이닉스' 공장이 보였다. 정문에는 노조가 데모를 하고 있었고, 다른 구성원들은 점심시간이라 분주하게 공장 사이를 이동하고 있었다. 점심시간에 직원들이 식당 등으로 많이 다닐 때 노조위원장 등 간부들이 데모를 하는 것 같았다. 최근 반도체의 성과가 높기 때문에 파이를 나눠 먹자는 데모였다.

SK하이닉스는 역사가 오래된 기업이다. 1949년 '현대전자공업㈜'로 설립되어 그 뿌리가 70년 이상 거슬러 올라간다. 가정용 전자부품 회사로 출범하여 반도체 산업으로 확장된 것이다. 1983년 현대그룹은 LDRAM 칩을 생산하기 시작하였다. 이후 김대중 정권 때 빅딜로 LG반도체를 인수한 후 현대그룹은 2001년 '현대전자'로 이름을 바꿨다. 일련의 소유권 변동과정에서 현대전자는 재정적인 어려움을 겪었다.

이후 '현대하이닉스'로 다시 사명을 바꾸었다가 2012년 SK그룹이 인수하여 'SK하이닉스'로 이름이 바뀌었다. 올해도 높은 성과를 내고 있다. SK하이닉스는 종합 반도체 제조사다. 반도체 업계의 호황기와 집중적인 투자로 경쟁력을 강화하고, 점유율을 상승시키면서 SK그룹의 3대 주축을 이루고 있다.

곧바로 강렬한 햇빛이 내리쬐기 시작했다. 시내를 좀 벗어날 즈음에 소나기가 짓궂게 내렸으나 피할 곳이 없었다. 나는 근처 나무 아래로 들어가 비를 피했다. 다행히 비는 곧 그쳤다. 오후에는 OB맥주 삼거리에서 신호등을 기다리는데 무척 무더웠다. 차량이 별로 없어 그냥 신호위반으로 건너갈 수도 있었지만 신호를 지키기로 했다.

공장을 지난 뒤에 '복하교'라는 예쁜 다리가 나왔다. 꽃으로 장식된 다리였는데 보기에도 좋았다. 이천시내로 접어들면서 네거리마다 햇볕을 피할 수 있는 차양막이 있어 그 아래서 잠시 쉴 수가 있었다. 독특한 것은 차양막 아래 아이스박스가 놓여 있었다.

얼린 생수가 가득 들어 있었다. 학생들이 그것을 꺼내 마음껏 마시고 있었다. 나는 학생에게 좀 먹여 줄 것을 부탁했다. 꽁꽁 얼려진 병이라 물이 별로 나오지 않았다. 하지만 참 보기가 좋은 광경이었다. 이천시 자치단체에서 가져다 놓았는지 기업체에서 아이스박스를 가져다 놓았는지 알 수가 없었다.

'OB맥주 역사관'에 잠시 들러 보았다. 1933년, 한반도에 최초로 2개의 맥주회사가 들어섰다. 그중 하나가 오비맥주의 시초인 '기린 맥주'였다. 이때 맥주는 귀한 술이었기 때문에 유흥가만 소량으로 유통되었다고 한다. 해방 후 일본이 한국에서 철수하면서 1948년 기린 맥주는 '오비맥주'의 전신인 ㈜동양맥주로 상호가 변경되었다.

6.25전쟁 이후 1952년 5월 22일, 정부 소유에서 민간기업으로 이전되었다. 본격적인 동양맥주의 시대가 열렸다. 대한민국의 맥주도 외세의 영향력에서 벗어나 독립의 길을 걷게 되었다. 60년대로 들어서며 처음으로 생맥주를 시판하고, 국내도 맥주 원료인 '홉'을 재배하는 등 맥주의 대중화로 슈퍼마켓 등 가정용 판매가 점차 늘어났다.

1980년 이후 해외 유명맥주들이 하나둘씩 한국에 소개되면서 소비자들의 입맛 수준도 고급화되고 기호도 다양해졌다. OB라이트, 슈퍼드라이, 카프리(Cafri) 등 다양한 종류의 제품을 출시했다. 1986년 아시안게임, 1988년 하계 올림픽의 공식 맥주로 선정되어 대한민국 대표 맥주로서 세계인과 만나게 됐다.

2000년대부터는 90년 넘게 축적된 오비맥주의 양조기술과 포장기술, 제반기술은 세계적인 수준이 되었다. 이때 오비맥주는 홍콩과 몽골 등 전 세계 30여 나라에 수출되어 한국 맥주 수출량의 70%를 차지하면서 세계 맥주업계의 글로벌 리더로 도약하였다.

맥주 전시관에서 이천 방향으로 걸었다. 이때 개인택시가 내 앞에 천천히 서는 것이었다. 그러더니, 운전수는 나에게 "사진 한 장 찍어도 되겠느냐"고 했다. 또 "아저씨가 두 팔도 없이 걷고 있는 모습에 감동을 받았다"고도 했다. 그렇게 계속 걸어가는 동안 그 지역의 장애인협회도 보였다. '무슨 사업을 한다'고도 써놓았다.

조금 후 이천시청 건물이 나왔다. 상당히 크게 지은 건물이었다. 지방세가 많이 걷힐 것으로 생각이 되었다. 여기는 장애인들을 위해 어떤 정책을 실시하는지 조금 궁금했다. 나는 호기심에 청사 내부로 들어갔다. 장애인 관련 업무 부서는 9층에 있었다. 장애인지원과에 도착하자 입구 직원이 "어떻게 왔느냐"고 물었다.

"전국을 종주하는 장애인인데 물 좀 마시려고 왔다"고 하자, 그는 빨대도 챙겨주었다. 마침 그런 모습을 보던 팀장이 내게로 오셨다. 그를 통해 알게 된 장애인 정책은 경산시와 별반 다른 것이 없었다. 작은 휴식의 시간이 되었다.

그렇게 시청을 나와 버스정류장으로 향했다. 가는 길에 연인 사이로 보이는 젊은 사람이 보였다. 그래서 '앞가슴의 휴대폰 촬영이 정상적으로 되고 있는지 살펴봐 달라'고 부탁하였다. 그는 촬영버튼을 다시 눌러 주었고, 여러 가지 이야기를 나눌 수 있었다. "유퀴즈에 나온 분이시냐"고 물었다. "장애인으로 이 더운 날에 전국 종주하는 게 대단하다"면서 격려해 주었다. "꼭 완주하기를 바란다"며 나에게 손을 흔들어 주었다.

이제 건너편에 있는 버스터미널로 가서 '가남'으로 가는 버스를 탔다. 버스 요금을 내야 해서 목걸이 지갑을 단말기에 대 보았다. 그랬더니 '카드를 다시 대주세요'라는 메시지가 나왔다. 카드가 여러

장이 들어 있어 인식이 안 된 모양이었다. "제가 양팔이 없어 버스 요금을 내기가 어려워 앞 목걸이 지갑에서 카드를 꺼내 찍어달라"고 내가 부탁하자 운전사는 "그냥 타고 가시라"고 하여 감사의 목례를 남겼다.

가남 터미널에 도착한 후 나는 아내가 좋아하는 옥수수와 술빵을 사서 가방에 넣고 숙소까지는 택시를 타자 기본요금 거리였다. 아내는 '종일 누워 있다가 조금 전에 일어났다'고 하였다. 와이프가 아프지만 않았어도 승용차로 이천에서 기다렸다가 나를 태워 숙소까지 올 수도 있었을 것이다. 아픈 아내가 일어나도록 용기를 주기 위해서라도 이번 종주길은 반드시 성공하고야 말겠다는 생각을 굳혔다.

△ 7/24, 이천시청-가남 행정복지센터, 16km, 2만 988보

포기하지 않는 '중꺾마'의 정신으로

⟨7월 25일, 목, 땡볕⟩

'중꺾마'는 '중요한 것은 꺾이지 않는 마음'의 줄임말이다. 그동안 서울에서 일주일 이상 걸어오면서 참으로 어려움이 많았다. 이천시청을 지나 여주시 가남읍에서 며칠 동안 숙소를 잡고, 매일 15km 전후로 걸으면서 다시 돌아오는 방법을 택하였다. 서울에서 경산까지 천리길을 완주할 의지를 가지고 출발하였지만 처음에는 무척 힘이 들었다.

광화문에서 출발 당시 오직 끝까지 걷는다는 목표를 세웠지만 홀로 일주일 이상을 걸으면서 무척 외로웠고 힘든 시간이었다. 쓰러질 것 같은 순간에도 처음 먹었던 마음을 지켜나갈 것을 수백 번 이상 되뇌었다. 우주를 향해 날아가는 우주선도 발사대에서 떠난 뒤 대기권을 통과하는 데 전체 에너지의 80% 이상을 소모한다고 한다.

1단 로켓의 연료를 소진시키고, 2차 로켓의 연료를 완전히 사용한 뒤에 그때부터 3차 우주선 본체가 태양에너지로 지구 궤도를 빙빙 돌다가 귀환한다.

이처럼 인간도 무엇인가 새로운 일을 계획하고, 도모할 때는 처음에 많은 에너지가 소모되는 법이다. 나도 처음 먹었던 마음을 내려놓고 싶을 때가 많았다. 도대체 이렇게 막연하게 걸어서 '종주를 완주한다'고 무엇을 얻는단 말인가. 출발 후 어려움이 닥칠 때마다 후회도 없지 않았다.

1년 전부터 아파트 계단 오르내기를 시작으로 첫단계 연습을 마친 뒤, 2차로 아파트 주변을 열심히 걸었다. 이후 상수도 가압장이 있는 작은 동산을 향해 걸어가다가 뛰어서 오르는 등 거의 10개월을 매일 10km 이상 훈련했다. 특히 출발하기 한 달 전부터는 경산시에서 가장 규모가 큰 저수지인 남매지를 하루 20km 이상 돌기도 했다.

그와 같은 힘든 연습을 통해 출발한 국토 종주길이다. 처음 열흘만 넘긴다면 이후부터는 무난하게 걸을 수 있을 것 같았다. 하지만 복잡한 서울 시내 길을 지나고 경기도에 접어들어 일주일을 넘게 걸으면서 마음이 복잡해졌다. 훈련 당시에는 집 주변과 동산을 오르내리거나 평범한 저수지 주변을 열심히 걷기만 했을 뿐이다. 경기도의 시골길과 국도 등 장애물이 많고 차량이 많은 길을 막상 걸어보니 깊이 생각지 못했던 것 같다.

여주시 가남읍에서 장호원읍에 이르는 60리 길은 시골과 작은 도시가 섞인 도농복합지역이었다. 자동차 전용도로는 이용할 수 없기 때문에 시골 농로와 작은 국도를 따라 걸었는데, 무더위로 인해 아예 사람들이 걸어 다니지 않았다. 가남읍에서 유명한 것은 천문대 기능을 가진 위성센터인데, 기후위기와 변화를 측정하는 시설이다. 우주에서 기후위성이 전달하는 데이터를 이곳에서 모아 '기후위기와 변화'를 측정하고 연구하여 눈길을 끌었다.

가남읍에서 드디어 장호원읍으로 들어가는 삼거리가 나타났다. 그동안 시골길에서 사람들을 만나기 어려워 누구에게 물을 제대로 얻어 마실 수가 없었다. 가장 좋은 곳은 작은 간이 버스정류장이었다. 최소한 그곳에는 그래도 한두 명씩 사람이 있었다. 쉴 수도 있는 곳이다. 물이 없을 때는 작은 슈퍼로 들어가 게토레이 등 이온음료를 구입하여 주인에게 먹여 줄 것을 부탁할 수도 있고, 생수도 구할 수가 있었다.

장호원읍 삼거리 정류장 그늘에 의지하여 쉬면서 나는 왜 이 같은 삼복더위에 길을 걷는지 다시 한번 새겨 보았다. 이번 종주길의 목표는 내가 살고 있는 '대구·경북의 통합'과 '장애인 복리증진'을 위한 것이다. 또 간경화로 고통을 겪고 있는 아내의 투병과 회복을 위해 기도하는 마음으로 준비하고 출발한 것이다. 그런데도 일주일 만에 그 같은 거창한 목표는 어디로 가고, 날마다 갈증과 생리현상을 해결하는 데 급급하고 있다.

오늘만 하여도 내가 걸어야 할 길에 대한 충분한 연구가 부족했음을 절절히 느낀 하루였다. 설사 충분한 연구를 통해 내가 잘 아는 길로 걸었다 하더라도 그것 또한 문제가 많았을 것으로 여겨진다. 빤하게 아는 길을 걷게 되면 남아 있는 길이 더욱 멀게만 느껴질 것이다. 아무 사고 없이 걸어온 길에 대한 고마움과 감사 대신 남은 길에 대한 염려와 걱정으로 갈증은 더욱 심각해졌을 것으로 보인다.

오늘도 무사히 걷게 된 것만 감사하자. 이천시 장호원읍 버스터미널에 들러 여주시 가남읍으로 되돌아갈 수 있는 버스시간을 알아보았다. 그곳 숙소에서 내가 돌아올 것을 기다리는 아내만 생각하기로 하였다. 뜨거운 태양으로 탈수와 함께 갑자기 허기도 몰려왔다.

△ 7/25, 여주시 가남읍-장호원읍 행정복지센터, 23km, 3만146보

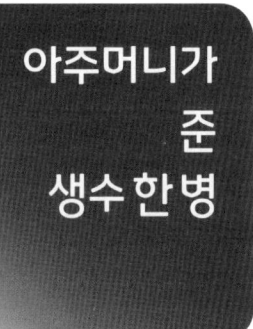

〈7월 26일, 금, 폭염〉

장호원에서 생극면 행정복지센터로 출발하기 전에 잠시 편의점에 들러 생수 등 필수품을 조금 구입했다. 시내를 벗어나자 좁은 2차선 도로가 나타났다. 그곳에는 여름철 무성한 가로수의 가지치기 작업이 한창이었다.

높은 가로수에 전선도 얼기설기 있는데 바가지가 있는 레커차를 탄 작업자들이 엔진톱을 돌리면서 작업을 하고 있었다. 자칫 엔진톱이 전기선과 닿으면 감전사고가 일어날 수 있는 광경이었다. 전기톱 엔진 소리가 너무나 커서 소음으로 들릴 지경이었다. 무엇보다 가로수 사이로 전기줄이 지나가는 환경에서 어떻게 안전하게 작업을 할지 궁금했다.

그 광경을 유심히 보게 된 것은 옛날 내가 높은 곳에서 전기 작업하던 기억이 되살아났기 때문이다. 22살의 청년이었던 나도 2만 2천 볼트 전선에 올라 작업을 하다가 아차 하는 사이에 사고를 당한 것이다. 나도 저렇게 작업했는데, 제발 저 사람들은 다치지 않기를 빌며 그 현장을 빠져 나왔다. 빠른 걸음으로 걷고 있는데, 뒤따라오던 승용차 한 대가 도로를 건너 나에게로 천천히 다가왔다.

마침 근처에 공터가 있어 그곳에 차를 세우는 것이었다. 그러고는 운전하던 20대 청년이 차에서 내려 생수 한 병을 나에게 가져다주었다. 내가 직접 마실 수 없다는 것을 깨달은 그는 뚜껑을 열고 직접 나에게 먹여 주었다. 그는 "뜨거운 날씨에 힘겹게 도로를 걷고 있는 장애인을 보고 차를 세웠다"고 했다. 남은 생수는 내가 메고 있는 작은 가방 옆에다 넣어주었다. 참으로 정답고 고마운 젊은이였다.

한참을 가다가 편의점에 들러 다시 생수를 두 병 구입했다. 주인 아주머니는 전국 종주를 한다는 글씨를 보고는 '돈을 안 받겠다'고 했다. 그러나 내가 기어코 돈을 주려 하자 그는 돈을 받는 대신 '에너지바' 두 개를 덤으로 주었다. 그러고는 '힘내시라'고 한마디 했다. 그런 소리를 들으면 정말 힘든 줄을 모른다. 길을 휘돌아 멀리 보이는 공원에 들어가 잠시 땀을 식혔다.

보통 해당 지역의 이름을 가진 초등학교가 나오면 그 근처에는 반드시 지역 면사무소가 있다. 아니다. 지역 행정복지센터다. 드디어 생극면 행정복지센터가 나타났다. 그곳에 들어가 휴식공간부터 살펴보고, 민원실 직원에게 장애인 담당자를 찾았다. 소개를 받아 그에게 다가가서 "저는 전국을 종주하는 사람인데 좀 쉬어갈 수 있느냐"고 물었다. 그리고 "물 좀 얻어 마시자"고 부탁했다. 그는 두말 없이 도와주었다. 실내는 냉방시설이 되어 있기에 땀을 식히는 데 안성맞춤이었다.

다시 걸었다. 오후 1시가 되어 생극면 버스정류장에 도착하자 마침 장호원으로 가는 버스편이 기다리고 있었다. 이제 아침에 출발한 지점으로 되돌아가는 코스에 올랐다. 숙소가 있는 정류장에서 내리자 아침에 들렀던 편의점이 보였다.

나는 생극 방향으로 걸어가는 곳곳에 '대학찰옥수수'라는 이름으로 노점상을 많이 만났다. 여름철 복더위에도 김이 무럭무럭 오르는 '찰옥수수'를 삶아서 파는 곳이 많았다. 참으로 맛있어 보였다. 누가 먹여만 준다면 두세 개를 한꺼번에 먹을 수도 있을 것 같았다. 하지만 '빛 좋은 개살구'처럼 보였다.

'대학찰옥수수'는 최봉호 전 충남대 교수가 고향인 괴산군 장연면의 기후와 토양에 맞는 품종을 12년간 노력을 기울인 끝에 탄생한 제품이라고 한다. 장호원에서 옥수수를 파는 아주머니는 "대학찰옥수수는 씹을수록 단맛이 우러나고 얇은 껍질에서 느껴지는 쫄깃쫄깃함이 어느 지역보다 뛰어나다"고 설명했다.

7월에 수확한 '대학찰옥수수'를 저온창고로 옮기면 전문 선별사가 모양 등을 검사한 뒤 알이 균일하게 박힌 고품질 옥수수만 출하한다는 것이다. 최근에는 전국 체인망을 갖춘 GS슈퍼와 편의점, 농협유통점에도 팔리고 있다고 한다. 나도 '인터넷으로 구입해 보아야겠다'는 생각을 하면서 목적지까지 걸었다.

△ 7/26, 장호원-생극면 행정복지센터, 16km, 2만 928보

서보균 소장과 동행

〈7월 27일, 토, 소나기〉

오늘은 서보균 소장과 함께 걷기로 했다. 뛸 듯이 기뻤다. 나와 함께 종주길에 동참하기 위해 대구에서 음성까지 온다고 했다. 서 소장은 2018년, 대구교도소에서 알게 된 사이다. 당시 보안과장이었던 서 소장은 '장애인의 날'을 맞아 나를 특별히 초청하여 교도소내 장애인들을 모아 강의 기회를 가졌다.

장애를 가진 수감자들은 고집이 세고, 스스로 학대하는 사람들도 있었다. 그들에게 용기를 주기 위해 열었던 특강이었다. 이날 이후 우리는 친구처럼 가까워졌다. 교도소에서 여러 차례 두팔과 우측 다리가 없는 중증 장애인인 나에게 강의할 기회를 주었다. 재소자들에게 내가 살아온 이야기와 불굴의 의지를 들려주면 그들은 내 이야기에 폭 빠져들었다. 서 소장은 "수감자들이 일부 변화하고 있다는 것을 느꼈다"며 나를 거듭 초청해 주었다.

동행에 나선 서보균 소장과 소나기를 맞으면서 걸었다.

처음에는 장애인들에게 스스로 일어나도록 힘을 주었지만 나중에는 모든 수감자들에게 강의하는 기회를 가지기도 했다. 그는 "봐라. 저렇게 두 팔과 우측 다리마저 없는 중증 장애인도 남을 위해 컴퓨터도 가르치면서 남을 도와주지 않느냐"며 "그런데 사지가 멀쩡한 당신들은 왜 스스로 살기 어렵다고 자신을 힘들게 하느냐"며 수감자들을 격려하기도 했다.

당시 보안과장이었던 그는 승진하여 2023년 코로나 시기에 경주교도소 소장으로 부임하였다. 교도관으로서 최고의 희망이 교도소장이 되는 것이다. 서 소장은 그곳에서도 아예 나를 '교정위원'으로 임명하고는 곧잘 초청하여 수감자들을 상대로 강의하도록 하였다. 멀쩡한 수감자들은 두 팔도 없이 왼발만 가진 나에게 호감을 보였다.

장애인 수감자는 그들대로 후천적 장애를 가진 나에게 관심을 보였다. 특강에서는 자신들의 장애를 원망하지 않고 갱생의 길을 걷도록 그들과 대화를 하듯이 강의하였다. 일반 수감자는 자신들보다 훨씬 불리한 조건을 가진 나를 보면서 어떤 이는 울기도 하고, 때로는 힘찬 박수를 보내 주었다.

나는 음성군 정류소에서 서 소장을 오래도록 기다렸다. 기다림 자체가 행복이었다. 나에게 많은 용기를 준 분이 서 소장이다. 그는 재주도 많다. 그리고 항상 공부하는 분이다. 지난해 연말을 끝으로 공직을 마치고도 잠시도 공부를 놓치지 않으셨다. 그들 부부를 보면 내가 배울 게 참으로 많았다. 그런 노력을 하신 결과로 교도소 소장직까지 올랐다가 퇴직을 하신 것이다.

"이제 곧 도착하여 내린다"는 전화도 주셨다. 시외버스가 도착해 내리는 그의 모습이 너무나 반가운 얼굴이었다. 와락 안아 주고 싶지만 나는 두 팔이 없어 그럴 수도 없었다. 오랜 친구를 보는 것 같았다. 나이도 비슷하다. 함께 식당으로 들어가 점심을 맛있게 먹었다. 물론 내가 먹기는 했으나 그가 떠먹여 준 것이다.

이런 식사법은 우리 두 사람 사이에 익숙해져 있다. 익숙한 동작은 서로 눈빛만 봐도 알게 된다. 서로 표정과 눈빛만으로도 필요를 채워주는 사이가 되었다. 상호 의존이 아니라 정확히 내가 그 혜택을 받는 것이다. 그는 떠먹여 주고, 나는 받아먹는 사이가 되었다. 우리 부부가 오랫동안 해오던 것을 그에게 받고 있는 것이다. 이번 종주길에서 12일 만에 처음으로 둘이서 같이 걷게 되었다.

이날 우리는 한참을 걷다가 소나기를 만났다. 피할 건물이나 시설도 없어 우리는 나무 밑으로 피했다. 잠시 가는 비는 피했으나 점차 굵어지는 빗줄기는 나뭇잎으로 타고 줄줄 흘러 내렸다. 세차게 내리는 비를 모두 피할 수는 없어 끝내 흠뻑 젖어 버렸다. 우리는 오는 비를 덜 맞는 것을 포기하고 다시 터벅터벅 걷기 시작했다.

물을 머금은 신발이 그렇게 무거운 줄 처음으로 강하게 느꼈다. 뜨거운 여름 날씨보다 세찬 장맛비가 잠시 마음을 우울하게 만들기도 했다. '왜, 이 고생을 사서 하는가'라는 아내의 이야기를 곰곰이 되돌려 생각해 보았다. 우리는 처량하게도 여름 장맛비를 맞아 가면서 시골길을 천천히 걸었다. 온몸을 타고 맞은 빗물은 실리콘 다리와 의족을 거쳐 신발 안으로 들어갔다.

철퍽거리면서 걸었다. 그런데도 서 소장은 불평 한마디 없었다. 오히려 그는 뜨거운 날씨보다 이처럼 비를 맞으면서도 "언제 이처럼 걸어 보겠느냐"면서 긍정적으로 말했다. 아마도 내가 우울해 보이니 격려하기 위한 것이리라. 큰 위로가 되었다.

나는 1년 전부터 국토 종주길을 계획하면서 서 소장과도 많은 의논을 하였다. 처음에는 만류하다가 끝내 내 의지를 꺾지 못한 그는 오히려 여러 가지를 점검해 주고 도와주는 입장이 되었다. 이런 생각 저런 생각을 하면서 거세게 내리던 비가 점차 가늘어져 가다가 조금 후에는 완전히 그쳤다. 이런 것이 여름 장맛비였다.

멀리 정자가 보여 그곳에서 쉬어 가기로 했다. 우선 의족과 연결된 다리를 살펴보았다. 의족을 빼자 신발 안에 갇혔던 물이 줄줄 흘러나왔다. 실리콘에서도 물기가 배어 나왔다. 옷을 말리기가 어려웠다. 처음으로 그곳에서 간식을 먹기로 했다. 옷은 젖었으나 정자 마루는 말라 있었기에 서 소장이 가져온 게맛살을 내어놓았다.

그는 "이것을 먹으면 힘이 생긴다"면서 거듭 먹여 주었다. 지나가는 외국인 노동자들이 우리를 힐끗힐끗 쳐다보았다. 한 명은 장애인이고, 다른 한 명은 무엇인가 자꾸 먹여 주는 장면이 이상해 보인 모양이었다. 그들은 젖은 옷을 입은 채 무엇을 먹는 모습을 쳐다보면서 고개를 갸웃거리다 그냥 지나쳐 갔다.

우리가 다시 출발하자 지나쳤던 노동자가 자신들의 차를 몰고 나가면서 서투른 우리말로 "어디 가세요. 태워줄까요?"라고 외쳤다. 대견스러웠다. 외국인 노동자들은 우리나라에 온 나그네인데, 우리를 챙겼다. 그들 눈에조차 비 맞은 우리 모습이 처량하고 불쌍해 보였던 모양이다. 우리는 "괜찮다"며 손을 흔들어 주고는 걸음을 재촉했다.

6시간을 걸어 생극면에 도착하자 다리가 아팠다. 50리 이상의 길을 걸었다. 절반은 비를 맞으면서 걸어왔다. 젖은 옷을 걸치고 걸은 데다 젖은 신발로 의족의 무게가 늘어나 고통이 심했다. 약국에서

밴드를 한 통 샀다. 버스정류장에서 숙소까지 버스를 타고 가기로 했으나 시간이 너무 늦어 우리는 택시를 타고 음성에 있는 숙소로 복귀했다.

그날 저녁은 아내가 비 맞은 우리들을 위해 식당을 미리 봐두었다. 함께 뜨거운 동태탕을 먹었다. 서 소장은 대구로 가는 막차를 타야 하기에 오래 있을 수도 없었다. 대구까지 가려면 세 시간 이상은 가야만 된다. 새벽같이 나와서 일부러 음성군청까지 와준 서 소장에게 뭐라고 감사해야 하는가. 하루 종일을 투자했다. '친구와 멀리 가려면 함께 가라'는 말만 되새기며 버스정류장에서 떠나가는 막차를 향해 그저 바라만 봤다. 그는 그렇게 떠났다.

△ 7/27, 음성군청-생극면 행정복지센터, 21km(총 166km), 2만 8544보

인생 최대의 지혜는 친절이다

〈7월 28일, 토, 용광로〉

어제 저녁은 비를 맞고 걸어서 그런지 무척 피곤했었다. 평소보다 한 시간 늦게 일어나 음성에서 소수면으로 가는 지도를 검색해 보았다. 어제 저녁을 먹었던 그곳 식당에서 아침을 먹고 어김없이 9시에 출발했다. 오늘은 서보균 소장과 함께 동행한 어제의 기억을 품고 혼자서도 용감하게 걷기로 했다.

반기문 평화기념관

우선 음성에 있는 '반기문 평화기념관'을 잠시 들렀다가 가기로 했다. 국민이면 누구나 아는 '반기문 로드'를 따라 한번 둘러보기로 했다. 그동안 종주길에 특별한 곳을 둘러보는 경우가 종종 있었다. 그 지역의 종주를 마친 뒤 시간이 나면 유적이나 인물을 기념하는 곳을 둘러보기로 했다. 음성군은 뭐라도 해도 '반기문 UN사무총장'을 기념하는 시설이 많다.

여론조사 전문기관인 한국갤럽이 조사한 자료에 따르면, 한국인이 가장 존경하는 인물 가운데 상위 10명 안에 '반기문 UN사무총장' 이 들어가 있다. 대부분 고인이 되어 역사 속에 남아 있는 인물들인데, 생존 인물로는 반기문 UN사무총장이 유일하다. 나 역시 그를 존경하지만 뉴스 등에서만 보았다. 아직 한 번도 직접 만나보지는 못했다.

그는 줄곧 1등은 물론 고교 시절 2학년 때는 미국 적십자사에서 주최하는 영어경시대회에서 전국 최고점을 받아 '존F 케네디' 대통령을 만나고 오기도 하였다. 일찌감치 외교관이 되겠다는 목표가 있었기에 서울대학교 외교학과에 진학했다. 졸업 당시 외무고시에 합격하여 본격적인 외교관의 길을 걷다가 세계적인 지도자가 되었던 것이다.

부인 유순택 여사는 동갑내기 고향 친구다. 고교 3학년 때 반 총장이 학생대표로 미국 방문길에 오를 때 충주여고 학생회장이었던 그녀가 복주머니를 만들어 선물로 전달한 것이 인연이 되어 교제가 시작되었다. 이후 7년간의 교제 끝에 1971년 결혼하여 슬하에 1남 2녀를 두었다.

UN사무총장을 5년 재임 후 연임하여 10년 동안 재임하였다. 재임 중에 세계평화에 기여한 많은 업적을 남겼다. 당시 이집트 내전과 미얀마, 코트디부아르, 남수단, 중앙아프리카공화국 등 아프리카는 내전사태에 놓여 있었는데, 그가 휴전과 평화적 해결에 나섰다. 전염병인 에볼라 사태가 일어나 대응에도 힘을 쏟았다. 특히 '파리기후

협약과 '접속탄 금지협약' 채택은 대표적인 업적이라고 할 수 있다.

2016년 박근혜 탄핵 이후 조기대선이 이뤄졌을 때 특정 정당이 반기문 유엔사무총장을 대통령 후보로 옹립하려고 했다. 귀국 후 야당의 반대 등으로 보름 만에 대통령 출마를 포기하는 아픔을 겪기도 했다. 퇴임 후에도 2019년, '보다 나은 미래를 위한 반기문 재단'을 설립하여 사회적인 활동에도 나섰다. 재단은 '대학생 기후환경 리더양성'과 '청소년 환경을 위한 인재양성'을 위한 '글로벌 프로젝트'를 지금껏 운영 중이다.

한편 음성군은 '반기문 사무총장'을 기념하여 여러 가지 기념행사를 벌이고 있다. 매년 '충북 음성군 반기문 마라톤대회'가 4월마다 열리고 있다. 지난해 18회째로 마라톤 코스별로 모두 8,500여 명이 참가했었다고 한다.

그리고 마라톤대회 외에도 음성군 문인협회는 매년 '반기문 전국백일장'도 열고, 반기문기념관 인근에는 평화랜드가 조성되어 피크닉장과 반기문 소나무숲을 방문할 수 있다. 가족단위로 즐길 수 있도록 테마공원을 조성해 두기도 했다.

나는 그의 어록 가운데 "인생 최대의 지혜는 친절이다"라는 말을 마음속에 새겨 두었다. 반기문기념사업을 통해 친절과 인정이 넘치는 음성이 되길 기원해 본다.

오후에는 가던 길을 계속 가야만 했다. 소수면 행정복지센터를 목표로 잡고 부지런히 걸었다. 그런데 얼마 되지 않아서 냇가가 나왔고, 큰 장맛비로 오래된 다리가 위험하다고 입구에 '진입금지'란 표시가 되어 있었다. 다리 옆길을 돌아 건너가는 방법을 찾아보았으나 그럴 수도 없었다. 근처에 아저씨에게 물어보자 그는 "그 다리 외에는 다른 길이 없다"고 했다.

내비가 또 농로를 안내하여 그곳으로 접어 들었다가 길이 끊겨 다시 되돌아나왔다. 또 그렇게 길을 가면서 햇볕이 너무나 강렬하여 마을 앞 정자에서 잠시 쉬었다. 그곳에는 아무도 없어 주머니에 든 생수조차 끄집어내어 먹을 수가 없었다. 최소한 뚜껑이라도 열 수 있어야 입으로 먹을 수 있다. 생수가 있는데도 갈증을 해소할 수 없기에 더욱 난감하였다. 갈증을 느끼면서 옛날 길을 따라서 계속 걸어가자 저수지도 보이고 나지막한 구릉지 같은 동산도 보였다. 그곳에 작은 카페가 보였다.

손님들이 있어 함부로 발로 차면서 덜컥 문을 열고 들어갈 수도 없었다. 여름에는 냉방시설을 돌려 대부분 문을 닫아놓기 때문에 조심스럽게 살펴 보면서 들어간다. 마침 나오는 손님이 한 명 있어서 그 남자분께 "주머니에 있는 생수를 좀 열어서 먹여 주셔요"라는 부탁을 드렸다.

그는 아무 말도 없이 생수를 꺼내 먹여 주면서 계속 나를 빤히 쳐다보았다. 중증 장애인이 '전국 종주를 한다'는 글씨를 새긴 옷을 입고 있는 것을 신기해하는 것 같았다. 한참 동안 물을 한 병이나 비워 버렸다. 갈증이 해소되는 것 같았다. 그러고는 내가 마루에 걸터앉자 그도 따라서 앉았다. 두 사람이 마루에 앉자 그가 질문을 쏟아냈다.

"왜 이 더운 시기에 혼자 걷고 있느냐"고 물었다. 나는 그동안 했던 대답을 똑같이 하였다. "1년간 준비하여 방학 동안 전국 종주길에 나섰다"고 설명하였다. 그러자 그는 '애처롭다'는 눈빛으로 고개를 끄덕였다. 사람들은 잠시도 태양이 내리쬐는 햇빛에 노출되는 것을 두려워하는데 삼복더위를 골라 걷는다는 것이 어리석게 보였을 것이다.

그곳은 몇 가구 안되는 작은 농촌마을이었다. 그와 헤어지고 카페를 지나 나지막한 산길로 올라가자 새로 생긴 갈림길이 보였다. 나는 옛길로 계속 갈 수 있었지만 새로 개설된 포장길로 들어가는 모험을 하기로 했다. 내비가 알려 주는 길과는 조금 떨어진 2차선 포장도로가 있었다. 걸어가자 도로변에 특산물을 판매하는 곳이 나왔다. 그냥 지나쳐 가는데 등 뒤에서 아주머니가 나를 부르는 것 같았다. 돌아보자 그녀는 "물 한 모금 먹고 가라"며 손짓을 했다.

아주머니에게 반가운 마음이 앞섰다. 고마움도 느껴졌다. 연거푸 생수를 두 잔이나 얻어 마시자 그녀는 복숭아도 깎아서 주었다. 스스로 먹을 수 없다는 것을 발견한 아주머니는 직접 한 조각씩 나에게 먹여 주었다. 겨우 허기를 면할 수 있었다. 소수면으로 가는 길을 물어보자 "새로 난 도로와 옛길로도 가면 된다"고 했다. 여러차례 감사인사를 드리고는 횡단보도를 건너 옛길로 다시 걸어갔다.

구길이 좋은 것은 차량이 많이 다니지 않는 한적함 때문이다. 신작로를 따라서 걸어가면 덤프트럭 등 대형차량이 빠르게 지나다녀서 위험성이 있다. 한참을 가자 옛길이 끊어지는 지점이 나와서 다시 새로 난 길로 접어들었으나 쌩쌩 달리는 차량들로 위험해 보였다. 이후 산길로 빠져 나오는 길이 보여 다시 옛날 길로 나왔다.

위험한 길은 피해야 하겠지만 가급적 내비가 알려주는 길로 걸으려고 노력하였다. 비교적 순조롭게 4시간을 조금 더 걸려 오후 6시쯤 '소수면 행정복지센터'에 도착했다.

오는 길에 생수와 복숭아를 주신 아주머니를 만나 갈증을 피했지만 연이은 갈증은 생각보다 빨리 왔다. 이미 몸속에 있던 수분은 모두 땀으로 배출되고 소수면 행정복지센터로 들어가자 '산업계' 안내판이 붙여진 자리에 있던 직원이 벌떡 일어나 반겼다. 장애인인 나를 발견하고는 친절하게 안부를 물었다.

그러고는 생수를 큰 유리잔으로 두 잔이나 연달아 먹여 주었다. 찬물이 속으로 들어가자 온몸이 깨어나는 것 같았다. 그 공무원은 자신의 자리로 돌아가 뒤쪽 캐비닛을 열고는 비스킷도 한 봉지를 가져와 입안에 넣어 주었다. 허기진 배를 조금 안정시켜 주는 것 같았다. 퇴근시간이 되었는데도 아무도 나갈 생각을 하지 않고 우리들의 행동을 조금씩 쳐다보았다.

공무원들은 어디를 가도 친절했다. 부산에서 서울까지 올라가는 사람이나 내려오는 사람들은 대부분 지름길인 음성군 소수면을 통과

한다. 그곳 직원은 "방학마다 젊은이들이 국토 종주를 하는 경우가 더러 있기에 복지센터는 더러 편의를 봐 드린다"고 하였다. 그는 면 소재지에서 저녁이라도 드시고 가라고 했다.

그러나 나를 기다릴 아내가 염려되어 더 이상 지체할 수가 없었다. 내가 전화를 직접 걸거나 받기 어려웠을 시기였지만 내가 전화를 할 때까지 와이프는 가급적 기다려 준다. 시원한 복지센터 소파에 앉아 호사를 누리면서 왼발로 오른쪽 의족에 채워진 휴대폰을 밀어 지정 번호를 누르면 아내와 연결된다.

첫마디가 "무사히 도착했느냐"다. "버스를 타고 30분 남짓 후에 숙소로 도착하겠다"고 하였다. 공무원들에게 허리를 굽혀 고맙다고 인사를 하였다. 복지센터를 나와 버스를 탈 수 있는 건너편 정류장으로 갔다. 버스표를 보자 10분만 있으면 차가 올 것 같았다. 잠시 후 도착한 버스에 올라 저수지를 휘돌아 내가 걸어왔던 곳을 지나 음성군청 앞에 나를 내려주었다.

우선 숙소로 들어가 먼저 아내의 도움을 받아 샤워를 하였다. 깨끗한 옷을 갈아입고는 아내가 미리 메뉴 등을 고려하여 예약해 둔 식당으로 늦은 저녁을 먹으러 갔다. 점심을 먹지 못한 채 걸었기에 허기를 느꼈다. 이렇게 오늘도 점심 한 끼는 절약하여 저녁을 맛있게 먹을 수 있었다.

아내도 내 스타일에 맞추어 아침과 저녁에 약봉지를 열고 먹어야 되었다. 지금까지 걸으면서 항상 늦은 점심 겸 이른 저녁을 합해서

먹었는데, 오늘은 너무나 늦은 저녁이었다. 숙소로 돌아오자 저녁 뉴스도 볼 사이도 없이 그때부터 거의 10시간 동안 수면에 빠졌다.

△ 7/28, 음성군청-소수면 행정복지센터, 18km, 2만 4273보

괴산군청에서 가진 환영식

〈7월 29일, 월, 맑음〉

이른 시간에 일어나서 나는 발가락으로 노트북을 열었다. 오른쪽 대퇴부 실리콘에 달린 송곳 같은 나사로 자판을 두드려 어제 걸었던 하루를 일기장 쓰듯이 메모하였다. 오늘 중간에서 하루쯤 쉬기로 하였다. 내가 다니는 경산 장엄사 주지의 배려로 괴산에 있는 남룡사 주지와 신도들이 괴산군청에서 환영식을 해준다고 하였다.

환영식을 해준다는 소식에 기대감이 절로 일어났다. 우리 부부는 음성 숙소에 있는 짐을 챙겼다. 아내는 괴산군청으로 차를 몰았다. 아침에 아내에게 어제 걷는 동안 일어난 이야기를 자세히 들려 주었다. 아내는 가는 도중에 어제 도움을 주신 아주머니에게 보답을 하고자 승용차를 도로변 가판대 앞에다 세웠다.

우리는 고마운 마음에 복숭아를 두 박스 구입한 뒤 다시 어제 과일을 먹여 준 고마움을 표시하였다. 아내가 복숭아값을 계산하는 동안 나는 말로 고마움을 대신하였다. 그러자 아주머니는 "잠시 기다

괴산 남룡사 주지와 신도들의 환영행사

리라"고 하고서는 오늘도 봉숭아 세 개를 깎고 먹기 좋도록 잘라 비닐봉지에 담아 주었다. '가면서 먹으라'는 것.

우리는 잘 포장된 도로를 따라 충북 괴산군청에 도착했다. 오전 10시쯤이 되자 전국 종주길을 시작한 지 보름 만에 처음으로 나를 환영해주는 자리가 열렸다. 그곳에는 '전국 종주길 환영식'이라는 현수막도 걸려 있었다.

그 자리에는 우리 부부가 도착했다는 소리를 듣고 괴산군청 복지과장도 나오셨고, 동행하신 분들도 자리를 함께하였다. 환영 인사 순서에 따라 격려의 말을 아끼지 않았다. 이어 떡판을 잘라 서로 나누어 먹고 시원한 아이스크림도 한 개씩 먹었다.

그렇게 종주의 또 다른 기회가 열렸다. 이어서 준비된 식당으로 이동하여 모두들 함께 점심을 먹었다. 이후 나는 남룡사 재무담당 총무에게 내 조끼옷 위에 '전국 종주를 후원해 주는 사람들을 새롭게 디자인해서 넣어야 하는데 혹시 아는 광고사가 없냐'고 물어보았다. 그러자 총무께서 "자신이 근무했던 광고 디자인 회사로 가자"는 제안을 했다.

재무 담당께서 사찰에 들어오기 전에 근무한 곳이 그 광고회사라고 하였다. 그곳 사장님께서 직접 디자인을 출력하여 내 조끼에 미싱 질까지 하여 멋진 디자인을 만들어 주셨다. 꼼꼼하게 만들어 거의 2시간 이상 걸렸다. 우리 부부는 감사할 따름이었다. 새롭게 글씨를 받아서 넣자 훨씬 보기가 쉬웠다.

오늘은 점심을 처음으로 제때 먹었다. 그리고 오후에 디자인 회사에서 조끼도 새롭게 단장하면서 재정비하는 시간을 가질 수 있었다. 후원을 하는 사람들이 있다는 소식을 듣고 조끼에 그것을 표시하자 내 마음이 훈훈하고 든든해졌다. 결코 나 혼자서 천리길을 종주하는 것이 아니란 생각이 들었다.

괴산읍에서 숙소를 잡았다. 아내와 함께 미리 정해 둔 식당에 들어가 저녁을 가볍게 먹고 숙소로 돌아왔다. 하루의 쉼은 또 다른 종주길의 동기부여를 받은 셈이다.

아침에 일찍 일어나 오늘은 1시간 일찍 출발했다. 어제 하루 충전하고 쉬었기에 오늘은 좀 더 멀리 걸어가고 싶었다. 디자인을 정비한 새로운 조끼를 입은 나는 택시를 불러 소수면까지 타고 갔다. 기사분께서 '전국 종주길 표시'를 보고는 이것 저것 물어 보시면서 택시비를 절반이나 깎아 주셨다. 우선 어제 친절하게 나를 맞아 주었

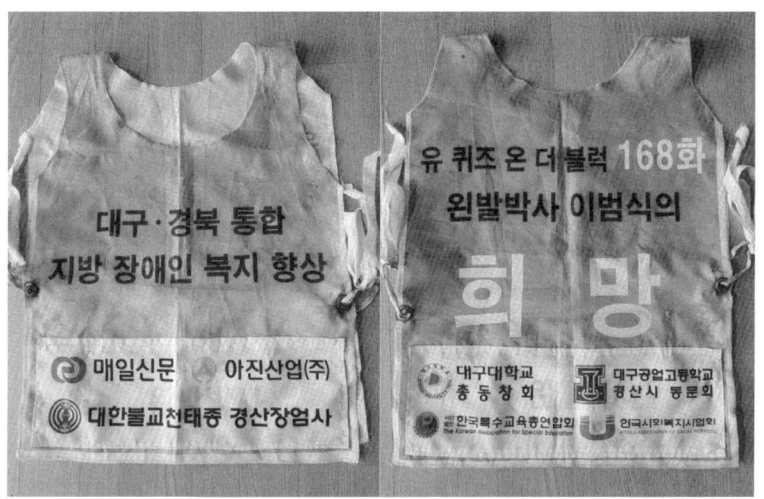

서울-경북 경산 종주길에 함께했던 조끼의 앞면과 뒷면

던 소수면 행정복지센터에 들러 산업계 공무원에게 인사하고 고마움을 표시했다.

그분은 곧이어 2층에 있는 면장실로 데려가 어제 있었던 일과 나를 소개해 주었다. 면장님은 나에게 자기의 명함을 주었고, 나는 옆에 있던 직원에게 내 앞가슴에 달린 작은 가방의 명함집에서 명함을 꺼내 전달해 주도록 부탁했다. 직원의 손에서 명함을 건네받은 면장님은 "아니, 박사님이시고, 교수직도 있으시네요"라고 말하면서 직접 소파로 나를 앉도록 했다.

그리고 면장님과 잠시나마 이야기를 나누었다. 두 팔이 없는데 강의는 어찌 하는지, 그동안 서울에서 음성까지 어느 곳으로 왔는지 등을 자세히 나에게 물어왔다. "강의를 어떻게 하느냐"는 질문에는 "발로 노트북을 쳐서 PPT를 넘기며 학생들에게 강의한다"고 대답해 의외라는 표정을 지으셨다.

충청도 괴산에서 쌍곡계곡으로

〈7월 30일, 화, 쨍쨍〉

소수면 복지센터 앞을 출발하여 도로의 옆길을 따라 오전에만 30리 길을 걸었다.

괴산읍에 들어온 뒤 숙소에서 나와 먼저 도착한 아내와 평소와 달리 점심도 든든히 먹었다. 숙소를 시장 근처에 잡아 두었기에 이동 거리를 좀 더 넓혀보고 싶었다. 아마도 점심시간에 제대로 밥을 먹어 본 것은 드물었으나 많이 걷기 위한 전략이었다. 좀 먹어야 힘도 날 것 같았다.

점심 후 다시 걸었다. 괴산시장 네거리에서 아래쪽으로 길을 잡아 왼편으로 돌아가자 자동차 정비공장이 나왔다. 아버지도 한때 경북 청도에서 정비공장을 개업하여 열심히 일을 하셨다. 정비공장을 보자 또다시 옛날 생각이 났다. 당시 트럭을 고치는 작업을 하던 직원이 사고로 실명의 위기에 처하게 되자 심각한 곤란에 처하셨다.

정비공장으로 직원의 가족과 친척들이 몰려와 과도한 보상을 요구하는 바람에 아버지는 무척이나 곤욕을 치르셨다. 이후 경찰 조사까지 받게 되자 정비공장의 문을 닫고 우리는 그만 야반도주를 하였던 것이다. 이러한 사실들을 청소년이 되어서야 알게 되었다. '만약에'라는 단어를 사용하여 과거로 돌아가는 것을 상상해 보았다. '만약에 정비공장이 잘되었다'면 지금쯤 나는 무엇을 하고 있었을까?

상상의 날개는 자유로운 것이다. 수십 년 동안 '만약에'라는 수식어를 달고 살았던 것 같다. 나의 후회라기보다는 우리 가족 모두의 후회로 남아 있었다. 그 같은 트라우마는 모두 우리 형제들 머리에 저장되고 갈무리되어 있었다. '만약에 대구공고를 졸업 후 한국전력공사장에 근무하지 않았더라면' 삶은 달라졌을까. 나는 이런 중증장애인이 되지도 않았을 것이다. '만약'이란 단어를 생각 앞에 붙여보면 나는 안 되는 것이 없었다.

상상으로 무엇인가를 그려보면 모든 것이 잘 이루어졌다. 그러나 현실은 냉정해야 한다. 그와 정반대가 되는 경우가 많았다. 20대에 두 팔을 잃고 우측 다리까지 못 쓰게 되어 잘라내면서 밤마다 나는 마음껏 달려보는 꿈을 꾸었다. 그 후 오랫동안 온갖 방황을 하며 지내던 중 컴퓨터에 재미를 붙여 왼쪽 발로 마우스를 굴리면서 세상 밖으로 나왔다.

독학으로 배운 컴퓨터 운용 솜씨를 익혀 나는 컴퓨터 수리점을 개업하였다. 열심히 고쳐주는 일은 나의 업이 되었다. 돈이 조금 모이자 이후 다른 사람과 동업하여 컴퓨터를 판매하거나 수리하는 일을 일부 맡겼다. 그러나 IMF를 겪으며 이마저도 부도를 맞았다.

환경적응을 제대로 하지 못한 내가 성급하게 회사를 창업했기 때문일까. 양팔과 오른쪽 다리가 없어도 오직 좌측 다리만 가지고도 성공할 수 있다는 생각밖에 없었다.

내 두 팔과 한쪽 다리를 내어 준 대가로 받은 보상금으로 집을 구입하여 가족들이 모여 살다가, 창업하여 '일확천금'을 벌어 보려던 생각 자체가 지금 생각해 보면 우습게 여겨진다. 멀리 내다보지 못하고 드러난 현상을 좇아 너무나 성급하게 두 번이나 창업하여 보기 좋게 실패하고 말았다.

이후 다른 소프트웨어 회사에 실장으로 취직해 대학을 졸업한 청년들과 업무적인 경쟁에서도 많은 무리가 따랐다. 그들보다 더 잘해 보려고 저녁에 퇴근도 하지 않고 일을 끝까지 해낸 뒤에 그 다음날 아침에 내어 놓기도 하였다. '컴퓨터를 전공한 대학 졸업자인 20대 후반의 정상인과 경쟁해 보겠다'는 오기와 패기만으로 30대 초반을 보냈었다.

하지만 그들과 지속 가능한 경쟁에서 결국 추월당하고 말았다. 또 컴퓨터가 286형 기능에서 386 컴퓨터로, 다시 486급 CPU의 용량으로 바뀌면서 수년 만에 점점 내용물이 진화되면서 세상은 속도전을 보였다. 하드웨어보다 소프트웨어가 중요하다는 것을 깨닫기 시작할 무렵 벌써 586급 컴퓨터가 쏟아져 나왔다. 이제는 고장은 거의 없어지고, 내용물은 소모품으로 바뀌어 사용자가 손쉽게 부품을 교환하면 되었다.

충북 괴산군 칠성면 근처에 다다르자 온갖 생각을 하면서 걸어왔던

길이 되돌아보였다. 내가 걷는 자전거 길에 하이킹족이 무리를 지어 뒤따라 왔다. 그들은 앞서 걸어가던 나를 발견하고는 먼저 한 명이 손을 치켜들고 나더러 "고생하십니다."라고 인사를 하였다. 그러자 잇따라 오던 사람들도 모두들 힘차게 인사말을 건넸다. 나는 팔을 들 수가 없어 그냥 입으로만 '화이팅, 화이팅'을 외쳐 주었다.

오른쪽 언덕 아래로는 강이 펼쳐져 있었다. 다리를 건너가면서 바라본 풍경은 '흐르는 강물처럼'이라는 영화에서 나오는 장면처럼 평화롭게 흘러 내렸다. 뜨거운 오후의 햇살에 물결은 반짝거리면서 흘러갔다. 그날따라 쉴 곳을 찾지 못해 다리 건너쪽에 있는 작은 식당 앞 나무 그늘에서 쉬었다.

이때 지나가는 사람을 불러 "죄송하지만 주머니에 든 물을 좀 꺼내 달라"고 부탁했다. 한참 나를 쳐다보던 아저씨는 생수를 들고 천천히 먹여 주었다. 그는 아무런 말도 안 했지만 온갖 생각을 하는 것 같았다. 등 뒤에 써 놓은 '전국 종주길 안내'를 보고는 빙그레 웃고는 자신이 가던 길로 인사도 없이 떠나갔다.

나는 천천히 열심히 걸어 중간 지점인 '칠성면 행정복지센터'에 도착했다. 김대중 대통령 시절, 도시지역 동사무소와 지방의 면사무소를 모두 '위민실'로 바꾼 적도 있었는데, 언제부터인지 '행정복지센터'로 이름을 길게 바꾸었다. 정권이 바뀔 때마다 세상이 바뀌었다는 것을 알리려고 경쟁하듯이 간판을 다시 걸었다.

그런데도 길을 물어보면 대부분의 사람들은 아직도 옛 명칭인 '면사무소'라고 부른다. 정말 한 명도 '행정복지센터'라고 부르지 않았다. 나는 '칠성면 행정복지센터'로 들어서자 땀을 많이 흘려서 그런지 다리에 힘이 풀렸다. 사무실 안쪽은 시원했다. 가장 먼저 복지 담당자를 찾았다.

그에게 걷는 사정을 설명하고는 "좀 쉬었다 갔으면 좋겠다"고 하였다. 그 여직원은 생수를 가져와서 먹여 주었다. 그리고 냉장고 안을 살펴보다가 아이스크림도 꺼내와서 먹여 주면서 '고생한다'는 소리를 연발하였다. 이번에는 안쪽에 있던 직원이 둘이나 소파 쪽으로 다가와서는 '더 필요한 것이 없느냐'고 물어 주었다. 그런 말과 행동만으로도 나는 위로를 받았다. 한참 동안 몸의 열을 식히고 벌떡 일어나 다시 출발했다.

당초 '칠성면 복지센터'에서 마치려 하였지만 어제 제대로 걷지 못했기에 벌충하는 맘으로 좀 먼 거리인 쌍곡계곡(雙谷溪谷)으로 가기로 했다. '쌍곡'이란 명칭답게 그곳으로 가는 도로는 좁고 주변 풍경은 예사롭지 않았다. 괴산에서 연풍 방향으로 10km 떨어진 지점의 쌍곡마을에서 좁은 협곡으로 들어가는 길은 10.5km 정도로 계곡을 끼고 있는 쌍곡으로 불렸다.

그렇게 거의 한 시간을 걸어가자 그 길이 '자전거 국토 종주길'이라는 것을 알았다. 곳곳에 번호가 적힌 이정표들이 나타났다. '길을 잘못 들었구나'라는 생각이 머리를 스쳐갔다. 그 다음은 어떻게 하지? 택시를 부를까? 하지만 부질없는 것이었다. 위치도 모르고 그곳 지리에 문외한이었다. 계속 걷는 수밖에 별다른 뾰족한 수가 없었다.

길을 모르고 얼마를 가야 할지 거리조차 가늠하기 어려운 상황에서 불안감이 엄습해 왔다. 돌아갈 수도 없는 상황에서 첩첩산중과 산을 가로지르는 거대한 교각만이 나를 맞이했다. 그렇게 길에서 벗어나 마을을 향해 길을 잡았고, 오르막에 위치한 집에서는 가족들이 고무보트 형태의 작은 수영장을 만들어 아이들 3명이 즐기고 있었다.

아이들에게 물어보자 놀던 아이들은 '휴가를 맞아 외가에 놀러왔다'고 외쳤다. 마침 어르신이 나오시기에 "쌍곡계곡은 어디로 가야 하느냐"고 물어보았다. 그는 '큰 교각을 지나면 휴게소가 나올 거라'며 안내해 주었다. 생수 한 모금을 얻어 마시고 다시 길을 나설 수 있었다.

한참을 걸어가니 하이킹을 즐겼던 젊은이들이 서너 명씩 모여 쉬

고 있었다. 그들처럼 시원한 그늘에서 쉴 겨를이 없어서 그냥 지나쳤다. 걷고 또 걸었더니 이윽고 작은 마을과 사람들을 만날 수 있었다. 강가에서 수영하는 사람들조차도 얼마나 반가운지 몰랐다. 내가 그렇게 고생해서 드디어 목적지에 가까워진 것 같았다. 지도에서는 10km 정도로 표시되어 있었으나 더운 날에 구불구불한 도로는 실제 더 길게 느껴졌다.

휴게소가 보이자 나는 조심스럽게 들어가 좀 한적한 곳에 있는 나무 밑 자리를 잡아 음료수 한 병을 주문했다. 주인에게 목걸이 속의 신용카드로 계산을 부탁하기도 했다. 그리고 의자에 앉을 때도 조심했다. 왜냐하면 오줌을 바지에 그대로 누어 아직 다 마르지 않은 상태였기 때문이다.

그 가게는 가족이 운영하는 곳으로 엄마가 주방을 보고 아들과 딸, 그리고 며느리가 일을 도와서 꾸려가고 있었다. 주문한 음료수를 가져온 아들은 뚱뚱했다. 물어보자 자신은 당뇨 등으로 몸이 좋지 않다고 했다. 청년이 앉은 플라스틱 의자가 부서질 것 같았다. 그와 대화하며 가게 안에 일하는 가족들의 관계를 물어보았고 괴산군청으로 가는 버스 시간표도 물어보았다.

다행히 막차가 아직 남아 있었다. 시간적 여유가 있어 TV 뉴스를 보면서 그 청년과 이야기를 좀 더 나눌 수 있었다. 헤어져 차를 타기 위해 정류장으로 걸어가는데, 마침 '유원지 관리원'이라는 완장을 찬 50대 아저씨가 걸어왔다. 나는 그에게 쌍곡계곡을 안내하는 간판 앞에서 '사진을 한 장 찍어달라' 하였고, 그 사람도 응해 주었다.

조그만 다리를 건너가니 간이로 지은 버스정류장이 나왔다. 그곳에 도착하자 아까 먹었던 음료수로 소변이 마려웠다. 하지만 모르는 사람에게 '바지를 내려달라'고 부탁하기에는 너무 무리가 있을 것 같았다. 그래서 혼자 걷는 동안 바지를 입은 채 오줌을 누면서 내려왔다. 오줌을 눌 때 서서 누면 오줌이 흘러 의족 안으로 들어가기 때문에 사람이 없는 곳에서는 앉아서 눈다. 히프를 땅에 대고 다리를 들어주면 반바지 사이로 눌 수 있기에 소변을 해결할 수가 있었다. 궁하면 통하게 마련이다.

한참 기다리자 버스가 왔다. 올라타고는 가슴에 달린 지갑의 카드 내밀어 단말기에 대자 딩동 하고 울렸다. 자리에 앉자 기사가 뒤돌아보면서 나에게 "버스 내에서 촬영은 안 된다"고 하였다. 나는 "현재 작동이 안 된다"고 했는데도 그 기사는 고개를 갸웃거리면서 무엇인가 중얼거리면서 까칠하게 대했다.

조금 후 승객 중에 누군가의 휴대폰이 시끄럽게 울리자 그 운전수는 다시 돌아보면서 "벨이 울리게 두는 것은 예의가 아니다"란 잔소리까

지 했다. 시골 할아버지는 당황하여 벨을 끄기 위해 주머니를 만지면서 찾고 있었다. 그 잔소리꾼 운전자의 뒷통수를 한 대 쥐어박고 싶었다.

괴산 버스정류장에 도착하여 나는 얼른 내려 버렸다. 천천히 걸어 숙소에 도착하자 아내가 반갑게 맞아 주었다. 아내는 내 몸을 씻겨 주고, 오줌을 싼 옷을 갈아 입혀 주었다. 그리고 미리 봐 둔 식당으로 저녁을 먹으러 갔다. 사실 점심과 저녁을 한꺼번에 많이 먹자 졸음이 몰려왔다. 뉴스를 조금 보다가 금방 잠에 곯아떨어졌다. 새벽에 일어나자 아내는 더러워진 옷을 빨아 에어컨 밑에 걸어서 밤새 말려 두었다.

△ 7/30, 소수면-괴산군청-칠성면 행정복지센터-쌍곡계곡, 26km, 3만 4985보

충북 쌍곡-
연풍면
행정복지센터

〈7월 31일, 수, 작열하는 태양〉

10시간 이상 잠에 빠져 들었다가 아침에 눈이 열렸다. 여름철이라 새벽 5시가 조금 지났는데도 환하게 창문이 밝았다. 노트북을 열고 어제 쌍곡계곡에서 헤매었던 기억을 불러내어 왼발과 우측 라이너로 자판기를 두드렸다. 그리고 오늘 가야 할 길을 네이버에서 검색해 보고 지도를 챙겨 보기도 했다.

아내는 어제 빨래를 해두고 늦게 잠이 들었는지 노트북을 두드리는 소리에도 기척이 없었다. 아마도 잠은 깼으나 아무 말도 안 하는 것같이 느껴지기도 했다. 이번 종주길을 1년 전부터 준비해 왔기에 아내와 의논이 가장 힘들었다.

아내는 당장 호구지책이 바쁜 우리에게 서울에서 경북 경산까지 400km, 천리길을 40일 동안 걷는다는 것은 무리라고 여러 차례 만류했었다. 더구나 당뇨와 간경화로 아픈데도 혼자 보낼 수가 없어서 따라나섰다. 막상 전국 종주행을 시도하자 아픈 몸을 이끌고 다니면서 숙소를 미리 정하고, 식당도 예약하는 등 잔잔한 뒷일을 근심이 없게 도와주었다. 아내가 없었다면 엄두도 낼 수 없었을 것이다.

오늘은 7월의 마지막 날이다. '삼성전자는 오늘부터 일주일 동안 모든 사업장이 여름휴가를 떠난다'는 뉴스를 어제저녁 TV에서 보았다. 그렇게 5만 명이 넘는 각 사업장의 직원들이 휴가를 떠나면 각 공장마다 시설과 설비를 총체적으로 점검하는 기간으로 삼는다는 것이다. 누구는 여름휴가를 떠나고, 그 시기에 수백 명의 정비업체가 팀을 이뤄 각 공장별로 정비에 들어간다는 것 자체가 뉴스가 되었다.

아침 일찍 괴산군청 앞 인근에 있는 버스터미널까지 내가 사는 동네처럼 생각하고 느릿느릿 걸어 도착하자 쌍곡행 버스는 이미 출발하였다. 1시간 후에 출발하는 버스를 기다렸다. 그날은 그냥 시간 개념이 없이 느긋하게 행동했다. 지은 지 꽤 오래되어 보이는 건물은 천장에 거미줄이 쳐져 있었고 냉방은 고사하고 더위는 선풍기에만 의존하고 있었다.

나는 기다렸다가 쌍곡으로 가는 버스에 올랐다. 20분 이상을 달려 어제까지 걸었던 쌍곡계곡의 그 정류장에 내렸다. 오늘의 목표는 쌍곡에서 연풍면 행정복지센터까지 걷기로 했다.

아침 일찍 떠나는 버스를 놓치는 바람에 이미 시간은 10시가 넘어서 어제 멈춘 그곳에 도착하였다. 날이 무척 더웠다.

바람도 없고 아스팔트에 반사되는 지열은 아침부터 후끈 달아올랐다. 좀 빠른 걸음으로 걸어가자 의족과 연결된 발목과 다리는 쉽게 아파왔다. 오늘 낮 동안의 날씨가 35도를 넘길 것 같았다. 쉬엄쉬엄 걸었으나 땀은 비 오듯이 흘러 내렸다. 조금씩 먹는 음료수는 오줌으로 배출될 사이도 없이 빠져 나갔다.

낮 12시를 넘기면서 가져온 생수는 이미 바닥을 드러냈다. 그래도 도로변 인근에 작은 슈퍼가 많아 곳곳에 들러 냉수를 구입해 주인에게 먹여 줄 것을 부탁하였다. 이젠 다른 사람들에게 부탁하는 것도 익숙하게 되었다. 이렇게 먼 길을 걸으면서 다른 사람에게 부탁해 본 것도 처음이었다.

충청도 말씨는 느릿느릿하였고, 인심도 좋아 보였다. 어느 누구도 나의 부탁을 거절하거나 부담스럽게 느끼지 않았다. 경기도와 충청북도를 거치면서 '시골이란 무엇인가'라는 정의를 내리는 데 어려움이 없었다. '서울에서 먼 곳을 시골이라 불러서는 안 된다'는 것을 주장하고 싶다. 내가 걸어왔던 지방은 진짜 시골로 보여질 만큼 아직 인심도 좋았다. 곳곳에 지방도로가 정비되지 않는 곳이 많다는 것을 알았다.

충청도 음성군과 괴성군만 하여도 산골이라 불러도 좋은 곳이다. 서울에 근무하는 직장 동료들이 친구에게 '시골에 다녀왔느냐'는 말도 진짜 지방을 홀대하는 것이나 다름이 없다. 엄격히 따지면 서울과 경기도 등 전국의 234개 각 지방자치단체가 과거에는 고을이요, 지금은 '지역'이나 '지방'으로 불러야 될 것이다. 그리고 각 지역마다 큰 도시는 중심 지역으로 사람이 사는 데 핵심적인 역할을 한다.

따라서 서울 이외 모든 곳을 지역이나 지방으로 부르지 않고 통틀어 '시골'이라 부르는 것은 잘못된 호칭이다. 서울에서 자신들도 모르게 지방 사람들을 폄하하는 것으로 보여진다. 다만 내가 보름 동안 걸어 보았던 경기도 일부 충청도 지역이 개발 속도가 느리고, 도로의 연결성과 이용도가 뒤떨어져 있어 그 지역민이 살아가는 데 불편한 것이 많을 것이라 느꼈다.

이날 비교적 빠른 걸음으로 걸었던 것은 더위에 많은 시간 동안 고생하지 않고 빨리 종료하고 싶었기 때문이었다. 목표지점인 '연풍면 행정복지센터'까지 거리는 점점 줄어들었다. 그런데도 왜 그렇게 멀게만 느껴질까? 차도 옆에 널찍한 공간에 너럭바위가 있었다. 나는 그곳에서 의족을 벗고 잠시 쉬어 다시 출발할 힘을 얻어야 했다.

연풍면 행정복지센터는 한옥 형태로 새로 지은 건물이었다. 1층에 있는 직원에게 편의를 요청하자 직접 생수를 먹여 주셨다. 고맙다고 하고는 계장과 사진도 찍었다. 어디를 가서도 공무원들이 장애인이라고 내치는 곳은 한 곳도 없었다.

복지센터를 나오는데 계장은 크게 손을 흔들었다. 두 팔이 없는 나는 말로 감사를 표시할 뿐이었다. 조금 걸어 내려오자 면 소재지 도

로가 나왔다. 슈퍼마켓 계산대로 먼저 가서 주인에게 계산부터 먼저 한 뒤 물을 한 병 주문한 후 빨대를 꽂아 달라 부탁을 드렸다. 남자 주인은 흔쾌히 응하면서 여러 가지 질문을 던졌다. 그분은 '문경에서 연풍면으로 이사해 오랫동안 살았다'고 했다.

나는 그곳에서 오후 3시쯤 숙소가 있는 괴산군청으로 가는 버스에 올랐다. 아내가 잡아 둔 식당에서 늦은 점심을 먹고 우리는 도 경계를 넘어 경북 문경시 문경읍으로 숙소를 옮겼다. 괴산에서 조령을 넘어 문경까지는 1시간 이상 걸렸다. 이제 내일은 괴산군 연풍면으로 다시 되돌아가서 문경새재를 넘어야 하는 중요한 시점이다.

그동안 늘 혼자서 걷는 경우가 많았으나 내일부터는 괴산군에서 시작해 문경시를 거치면서 많은 서포터즈가 기다리고 있다. 이미 고향에 거의 도착한 것처럼 느껴졌다. 김진만 기자와 서보균 소장의 전화가 잇따라 울렸다. 내일 아침 만날 장소와 여러 가지를 의논하면서 준비품도 챙기도록 말해 두었다.

△ 7/31, 쌍곡-연풍면 행정복지센터, 18km(총 228km), 24만 7863보

충청도에서 경상도로, 서포터즈 김병회 회장

〈8월 1일, 목, 뜨거운 날씨〉

문경에 들어서자 마치 고향에 온 것 같았다. 문경 온천지구에 숙소를 잡고 하루를 묵었다. 아침 일찍 대구에서 매일신문 김진만 기자와 서보균 소장이 도착했다. 이제 함께 걸어 줄 원군이 생겼다. 서 소장과 나는 이미 충청도 괴산에서 소나기와 장맛비를 피할 곳이 없어 흠뻑 맞으면서 함께 걸었기에 오늘은 두 번째 만남이다. 라면 중에 최고의 맛은 '함께라면', 함께하면 멀리 갈 수 있는 것이다.

무엇보다 오늘 최고의 가이드는 김병회 회장이시다. 문경 일대 지리에 밝고 많은 활동가로 참여해 직접 단체를 이끌고 있는 백전노장의 김 회장과 인연이 시작된 날이었다. 문경을 벗어날 때까지 우리를 안내해 주겠다고 자청했다. 말이 아니라 묵묵히 행동으로 사랑을 보여 주시는 분으로 알려졌다.

우리는 어제까지 걸었던 마지막 지점으로 이동을 한 후 그곳에서 문경새재를 넘기로 하였다. 김병회 회장이 직접 운전하여 괴산으로 넘어갔다. 문경새재를 넘어 본 경험이 없는 나로서는 상당히 힘든 구간이란 예감이 들었다. 그래도 김 기자와 서 소장 등 3명이 동행 하는 것은 이번 국토 종주길에서 처음 있는 일이다.

김 회장님은 동행하지 않고 오늘의 목적지인 제1관문의 주차장 으로 떠나시면서 3관문 바로 아래에 있는 동화원산장식당에 꼭 들러서 간식을 먹고 갈 것을 신신당부하셨다. 일정 중 오늘 1차 목표는 3관문인 주흘관 바로 아래에 있는 동화원산장식당이었 다. 평일이라 한적한 고사리주차장에서 출발 인증 사진을 찍고 여유롭게 출발했다. 영남 선비들의 과거길을 따라서 3명이 함 께 걷는다는 것이 너무 좋아서인지 3관문까지 이어지는 고갯길 을 힘든 줄도 모르고 걸었다.

오늘 걷는 이 길은 '영남 선비들의 과거길'이었다. 서울에서 성남을 거쳐 광주, 이천, 음성, 괴산군 등 내가 걸어왔던 대부분의 길은 조 선시대 과거길이다. 부산 등 경상도 지방에서 3년마다 한 번씩 경 복궁에서 열리는 과거시험을 보기 위해 밀양, 청도, 대구, 의성, 안 동 등지에서 삼삼오오 주막에서 모여 함께 재를 넘었다.

괴산군 연풍면은 이미 날씨가 흐려 있었다. 여름철 장맛비가 오락 가락하였다. 세 사람은 오히려 땡볕보다는 좋은 것이라고 서로 위 로하면서 말없이 문경새재 제3관문까지 천천히 걸어서 올랐다. 나 중에 알게 된 것이지만 진짜 힘든 코스는 문경새재를 넘어 내려가 기 위해 제3관문까지 오르는 길이었다.

괴산에서 문경 3관문으로 오르는 협곡은 지루한 오르막이었지만 도로 우측으로는 계곡에 흐르는 물소리가 들렸다. 며칠 전부터 내린 장맛비로 냇가에 물이 제법 늘어나 소리를 내면서 흘러 내렸다. 계곡 물소리만 들어도 시원한 감이 들었다. 우리는 개울 옆에 난 산악도로를 따라 올랐다. 우리 일행이 무엇을 하는지도 모르는 관광객은 마치 등산하는 사람들로 보였을 것이다.

언제 비를 맞을지 몰라 우리는 우의까지 챙겨 입었다. 이미 오전시간에 문경새재 정상 부근을 올랐다. 시원하게 불어오는 바람을 맞으면서 기념사진도 찍었다.

영남 제1관문에서, 좌측부터 서보균 소장, 이범식 박사, 김병회 회장, 김진만 기자

정상 부근 도로에는 군데군데 공사장에서 많이 사용하는 방수포가 덮여 있었다. 아마도 비가 오는 장마철에 등산객들이 미끄러지는 것을 방지하기 위해 그렇게 한 것으로 여겨졌다.

정상부분 제3관문에서 사진을 찍고 넘어가려는데 서 소장과 이야기를 나누는 노부부가 있었다. 우리 일행을 유심히 보고 계시다가 도보행군을 하는 목적을 물었다. 서 소장은 간략하지만 쉽게 알아들을 수 있도록 짧은 브리핑을 했다.

스물두 살에 고압전기에 감전되어 1급신체 장애인이 된 일, 그간의 인내 극복을 하며 박사학위까지 받았다는 것. 방학을 이용해서 서울에서 경산까지 걷고 있고 의지극복에 도움이 되었으면 하는 의미 등을 설명했다. 그는 "이 더운 날씨에 정상인도 하기 어려운 일을 한다"고 격려하시며 "음료수라도 사 먹으라"며 오만 원을 주시고 갔다. 관심만 주셔도 고마운데 마음에서 우러나오는 이러한 격려는 우리들의 발걸음에 큰 힘이 되었다.

문경의 대표적인 명물은 자연스레 문경새재가 떠오른다. 산세가 험준하여 새조차도 쉬어간다고 하여 '조령'이라 불렸던 이 고갯길은 영남지역 선비들이 과거를 보러 한양에 다녔던 주요 길목이다. 그래서 문경새재 제3관문을 '조령관문'이라고 부르기도 한다.

또한 임진왜란 당시 군사 한 명이 능히 여러 명을 상대할 수 있는 수비하기 좋은 조령에서 신립 장군이 군을 물려 충주 탄금대에서 배수진을 치는 바람에 일본군에게 대패를 당한 역사적인 전쟁터이

기도 하다. 만약 신립 장군이 조령에서 일본군을 막았다면 한양으로 쳐들어가는 일본군을 최대한 일주일 이상은 지연시킬 수 있었을 것이라는 평가가 나오기도 했다.

3관문에서 내려가는 길에는 주로 마사토가 깔려 있었다. 휴가철을 맞아 가족 단위의 피서객들이나 등산객들이 아예 신발을 벗어 들고 '맨발걷기'를 할 수 있도록 하였다. 2관문에 들어가는 곳까지는 나무들이 빽빽하게 들어차서 낮인데도 짙푸른 소나무의 시원함을 느낄 수 있었다. 태어나서 처음 가보는 길이었다. 산을 좋아하는 사람들은 이미 대부분 여러 차례 '문경새재를 넘어봤다'는 소리를 하였다.

영남 제2관문에서

제3관문 아래 낙동강 발원지를 옆에 두고 소나무 숲길을 구불구불 내려가니 동화원산장식당이 보인다. 동화원 주인장이 먼 발치에서 우리를 발견하고는 반갑게 손짓하며 환영해 주셨다. 솔바람 시원하게 불어오는 그늘막에서 시원한 오미자 차를 마시니 더위가 싹 물러간다. 이윽고 부추전에 냉막걸리 한잔, 신선이 따로 없었다. 아침에 동화원으로 김병회 회장님이 전화하셔서 꼭 이 메뉴로 대접하라고 신신당부하셨다고 한다. 회장님의 정감이 느껴져서 그런지 더욱 맛있게 느껴졌다. 솔솔 부는 산바람에 잠시 쉰 것 같은데 30분이 휙 지났다. 오늘 일정에 차질이 생길까 봐 동화원의 편안함을 아쉬워하며 일어났다. 동화원 주인 부부께서 무척이나 아쉬워하며 아랫길까지 내려와 배웅해 주셨다.

옛날 과거길 문경새재 아래쪽에서 하인들이 서방님을 기다리고 있다가 '서방님이 과거에 합격했다'는 소리를 들으면 합격자보다 먼저 신명나게 달려서 그 기쁜 소식을 집안에 전하기도 하였다는 일화가 있었다. 그러나 과거에 떨어진 선비들은 어떻게 하였을까? 한양에서 폭음을 하여 고꾸라지거나 부모님들 볼 낯이 없어 이왕 한양 거리에서 이리저리 돌아다니며 견문이나 넓혀보자며 유람을 하다가 늦게 문경새재를 넘었을 것 같기도 하다.

목이 빠지라고 문경새재 아래쪽 주막에서 기다리던 하인은 어떻게 했을까? 힘이 빠져 걸어오는 주인집 아들을 발견하면 일단 괴나리봇짐을 받아 들고는 말도 못 붙이고 축 늘어진 어깨를 하고는 천천히 집으로 돌아갔을 것으로도 보여진다. 고려 말부터 조선시대 과거는 통상 3년에 한 번씩 있었다. 주로 문과시험이다. 물론 특별시와 무과, 잡과 등이 그 사이에 한 번씩 있었기에 조정에서는 매년 과거를 본 것이나 다름이 없었다. 인재등용이다.

제1관문이 가까이 다가오자 개울 건너편에는 '왕건' 촬영 세트장이 보였다. 그곳에서 최근까지도 '육룡이 나르샤'와 '해를 품은 달, 철인왕후, 남한산성, 킹덤, 관상, 슈룹, 고려 거란 전쟁' 등 사극 마니아들의 큰 사랑을 받는 문경 촬영 세트장이다. 세트장에 잠시 둘러보고 나오는데 어느 상점에서 오래된 사극 주인공으로 자주 나왔던 최수종 사진 등을 족자에 끼워 놓았다. 인기 드라마의 주인공 사진들도 많이 걸려 있었다.

여름 휴가철이라 그런지 관광객들이 왁자지껄하였다. 그곳에서는 15인승 전기차가 제1관문 아래쪽 주차장까지 왕복으로 사람들을 실어 나르고 있었다. 전기차로 운행되기 때문에 매연도 없어 좋았다. 내려가는 도중에 우리 일행들이 만나기로 약속된 장소인 주막에 들렀다. 우리는 오미자를 희석한 냉수를 한 잔씩 마셨다. 주인과 헤어지며 사진도 같이 찍었다.

좀 더 내려오자 작은 생태공원에 발을 담그는 곳이 있었다. 그곳에서 김 기자와 서 소장이 함께 발을 담그고 약간의 피로를 풀 수 있었다. 내리막길을 내려오면서 내 오른쪽 다리 절단부위가 좀 따끔거렸다. 아마도 오르막보다 내리막을 걷는 동안 힘을 많이 주면서 걸어야 하기에 의족과 대퇴부에 무리한 접촉이 일어난 것 같았다. 그날부터 반창고와의 인연이 시작되었다.

서포터즈 김병회 회장께서 팔순을 바라보는 노구에도 불구하고, 우리를 마중하기 위해 새재 관문 앞에 대기하고 계셨다. 미안하기도 하고, 감사한 마음을 표현하기조차 송구스러웠다. 진정한 서포터즈(Supporters)로 말없이 우리를 지지해 주시고 응원하시는 모습이었다. 우리들이 목적을 이루도록 도와주시는 리더였다. 숙소로 돌아와 우리는 다 같이 약돌돼지 전문식당으로 자리를 옮겼다. 기다리는 동안 우측 다리의 의족을 빼고 실리콘을 벗겨 피부를 말렸다. 피부가 짓무르기 시작한 것 같았다.

오늘 문경새재를 넘으면서 푸근한 고향으로 돌아온 것 같았다. 경기도에서 충청도를 거쳐 괴산군 연풍까지 왔을 때 전체 목표점 400km 가운데 228km를 돌파하고 있었다. 이제 절반을 넘었다. 마치 고향 집에 곧 도착할 것 같은 느낌을 받았다. 문경은 내 어린 시절 초등학교까지 다닌 기억이 있기 때문일까? 왠지 친근감이 들었다. 잊었던 유년 시절의 추억들이 새록새록 돋아 올랐다.

약돌돼지 전문식당에 여러 명이 모였다. 우리 부부와 함께 걸었던 서포터즈로 나섰던 김병회 회장과 김 기자, 서 소장 등이 한자리에 앉았다. 돌아가면서 건배도 제안하면서 작은 축제의 시간을 가졌다. 마음으로 나누고, 뜻으로 소통하는 분들이다. 왼발박사 이범식을 위해 함께 울고 웃으면서 이렇게 행복을 나누는가. '사랑한다는 것'은 이런 것이구나.

△ 8/1, 괴산-문경새재, 14km, 1만 9941보

문경
온천지구에서 점촌 북초등학교까지

⟨8월 2일, 금, 땡볕⟩

아침에 9시에 출발할 때 김경범 문경시 나눔봉사단장과 도예가 김영식 선생님이 오전 함께 동행하기로 했다. 오늘도 김병회 회장께서 길을 안내해 주셔서 한결 편했다. 걷는 일행은 모두 4명이다. 이윽고 낙동강의 지류로 흘러드는 영강을 따라 걷기 시작했다. 강은 넓고 물결은 잔잔했다.

강가에는 폐교를 리모델링한 건물이 나오고, 한때 사람이 살았던 것으로 보이는 광산지역 숙소 흔적 등이 보였다. 그곳에는 폐교 건물에다 '씨름전용 훈련장' 등의 글씨가 보였다. 김병회 회장에 따르면 이곳에 마성면 남호리 봉명초등학교가 있었으나 25년 전에 폐교가 되었다고 한다.

이를 아쉽게 여긴 봉명초등학교 동문들이 3년 전에 폐교된 학교 터에 지어진 '문경시 씨름 전용 훈련장' 옆에 있는 폐교 가운데 멀쩡

한 교실를 새로 수리하여 '봉평초등학교 동창회 사무실'을 새롭게 단장하여 2022년에 개소식을 했다는 것이다. 그곳 사무실에는 역대 동창회(회장 김용덕) 체육대회 화보 사진을 전시하는 등 매년 정기적인 경로잔치를 벌이고 있다.

봉명초등학교는 1963년, 마성초등학교 남호분교로 설립 인가를 받아 1966년 3월에는 '봉명초등학교'로 정식으로 개교를 하였다. 이후 문경지역의 명문 초등학교로 이름이 높았으나 석탄 산업의 사양화와 함께 학생 수가 급격히 줄어들면서 1999년 '동성초등 봉명분교장'으로 격하됐다가 2002년 3월에 결국 폐교가 되고 말았다.

40년간 2,356명의 졸업생을 배출한 이 학교는 폐교 뒤 사설 고시원 등으로도 활용하다 2016년 문경시가 사들여 2020년까지 '문경시 씨름 전용 훈련장'으로 조성됐다는 것. 또 인근에는 봉명탄광 사택들이 즐비하게 있었으나 지금은 폐광의 여파로 마을이 존재했다는 것을 희미하게 알 수 있을 정도의 흔적뿐이다.

봉명광산에 대한 이야기를 들으면서 약 4km 정도 걸었는데 절단된 우측 다리의 대퇴부 부분이 너무 아파 과수원 그늘에 앉아 잠시 쉬기로 했다. 다리 상태를 살펴보자 우측 대퇴부 끝부분에 물집이 잡혀가고 있었다.

10분을 쉬고는 다시 걸어 오전 11시 50분쯤 '마성면 행정복지센터'에 도착했다. 직원에게 "혹시 대일밴드라도 있으면 좋겠다"고 요청하자 공무원께서 캐비닛에서 밴드통을 가져와서 커다란 밴드를 의족이 닿는 부분에 붙여 주셨다.

그는 '앞으로 필요시 또 붙이시라'고 여분의 밴드까지 챙겨 주었다. 일선 공직자들의 후한 인심은 이번 여정에서 발견한 공직자의 마음이었다. 어디를 가도 거절 없이 도와주셨다. 가는 곳마다 행정복지센터가 있어서 쉬는 장소가 되기도 하고, 이동구간의 목표가 되기도 하였다. 이때 경북도청 장애인복지과 권영문 과장께서 격려와 응원차 마성면까지 마중을 나오셨다. 현수막까지 챙겨서 오셨다.

오늘 문경에서 유명한 음식인 '올갱이국'을 먹기로 했다. 올갱이는 '다슬기국'이라고도 부른다. 일부에서는 고동, 고디 등 다양한 이름으로도 불린다. 문경에서는 주로 '올갱이탕과 고디탕'으로 불린다. 문경은 워낙 물이 맑아서 곳곳에 올갱이국을 전문적으로 하는 유명한 식당이 꽤 여럿이다. 재 넘어 괴산에서도 아예 올갱이국을 그곳 향토전문음식으로 지정해 두기도 하였다.

'충청도식 괴산의 올갱이국'은 된장을 풀어 올갱이의 잡내를 없애고 부추와 아욱을 넣고 푹 끓여서 시원하면서 담백한 맛이 일품이

었다. 들깻가루가 들어가 맛이 진한 경상도식 고디탕 '문경 올갱이국'을 제대로 맛보기 위해 올갱이 전문식당으로 들어갔다.

들깻가루를 풀어서 넣은 올갱이국은 구수한 맛이 났다. 우리는 점심을 먹고 김경범 문경시 나눔봉사단장, 도예가 김영식 선생님, 경북도청 권영문 과장과 헤어졌다. 김진만 기자와 둘이서 계속 '북초등학교'로 길을 재촉하였다. 식당으로 왔던 아내는 숙소로 돌아가 쉬도록 했다.

문경은 두 번의 큰 인연이 있었다. 초등학교 시절, 아버지가 광부로 일을 하실 때 나는 호계초등학교를 다녔다. 몇 년 전에는 문경대학교에서 1년 동안 강의를 하면서 마치 고향을 오가는 기분을 느꼈다. 지난 2022년 2월에 직업재활 박사학위를 받은 뒤 나에게 오라는 곳은 문경대학교뿐이었다. 2학기부터 첫 강의를 하면서 즐거운 마음으로 경산에서 문경까지 출퇴근했던 것이 떠올랐다.

아내는 자신의 권유로 10년 만에 대학을 진학하고, 석·박사를 마친 뒤 대학강단에 서는 남편을 그리도 자랑스러워했다. 순전히 대학은 떠밀려서 진학했으나 공부는 내가 하는 것이기에 어려움도 많았다. 장학금을 받으면서 다녔지만 두 팔 없이 왼쪽 발가락 한쪽으로만 노트북 키보드를 두드려 공부하기란 정말 힘들었다.

내 인생에서 언제 한 번이라도 쉽게 얻은 것은 없었다. 정상인보다는 세 배 이상 노력해야 겨우 따라가고, 이룰 수 있는 기회가 주어졌다. 그런데 문경대학교까지 차로 태워주던 아내가 1년 후 시름시름 앓기 시작했다. 병원에서 당뇨와 간경화가 심하다는 진단을 내렸다.

이번에도 처음부터 따라 나와 나를 돌봐주었지만 진짜 서포터즈는 아내가 아닐 수 없었다.

우리는 태양이 내리쬐는 아스팔트길을 계속 걸어 갔다. 오후 2시 30분쯤 경북 8경 중 제1경인 '진남교반'에 도착했다. 그 곳은 낙동강 지류인 가은천과 조령천이 영강에 합류하여 돌아 나가는 지점으로 아름다운 풍광과 노송이 어우러진 곳이다.

인근 마성면에는 고모산성이 있다. 진남휴게소를 지나 좀 더 걸어가자 김병회 회장께서 먼저 와서 기다리고 계셨다. 생수를 먹여 주시어 목을 축이고 좀 쉬었다가 다시 출발했다.

걷고 또 걸었다. 그러다 다리가 저려오면 쉬어 가야만 했다. 더 걷기 힘들 정도에서 바로 앞 다리 밑에 시원한 평상이 보였다. 그곳에는 다리 밑에서 수영하고 노는 피서객들의 물놀이를 지켜보는 안전요원이 자리를 지키고 있었다. 우리는 양해를 구하고 앉은 뒤, 가장 먼저 의족을 빼내고, 실리콘도 벗겨냈다. 그것을 잠시 말려야 다시 의족을 찰 수가 있었다. 다리를 살펴보자 의족과 접촉하는 대퇴부가 점차 붉게 충혈되고 있었다. 물집이 생겨 계속 부풀어 오르고 있었다.

김 기자가 강가로 내려가 손수건에 물을 적셔 내 얼굴을 닦아 주었다. 우리를 지켜보던 안전요원도 자신이 갖고 있던 생수병을 우리에게 건네주어 갈증을 해소하는 데 큰 도움이 되었다. 실리콘이 어느 정도 마르자 다시 우측 대퇴부에 걸치고 라이너로 아래쪽 의족과 결합하였다. 다시 힘을 내서 걸음을 재촉했다.

고개를 넘어가며 북초등학교 방향을 최종적으로 확인하기 위해 가게에 들렀으나 사람은 보이지 않아 허탕을 쳤다. 오줌이 마려웠다. 옷에다 쌀 것 같아 도로변 나무 곁에 서 있는데 김 기자가 바지를 내려주어 해결할 수 있었다. 휴우~ 참았던 볼일을 시원하게 보면 그 기분이란 무어라 형용하기 어렵다. 그 홀가분함, 그 시원함이란 본인이 아니면 다른 사람들이 대신 느끼지 못하는 감각이다. 제 손으로 대소변을 볼 수 없는 어른 장애인이다.

나는 사람들에게 이야기한다. '자신이 가진 것으로 봉사하라'고 부탁한다. 손이 있으면 손으로, 돈이 있으면 작은 돈으로, 무엇이든 작은 것이라도 '나누면 자신이 행복해진다'는 진리를 가끔 들려 주기도 한다. 무엇이든 자신이 할 수 있는 것으로 다른 사람의 필요를 채워주면 되는 것이다. 나 같은 장애인들이 제대로 일어날 수 있도록 도와주는 사회에 감사한다.

이날 고개를 올라 내려오는 길에 우리는 지쳐 또 한 번 쉴 수밖에

경북도청 권영문 장애인복지과장께서 현수막을 들고와 격려

없었다. 이제는 길바닥에 주저앉아 쉬었다. 또다시 힘을 내 문경시 점촌 북초등학교에 도착하였다. 오늘의 목적지다. 경사도로를 따라 초등학교에 들어서서 체육관 앞에 자리를 잡고 쉬었다. 그늘이 좋았다.

마침 선생님께서 방학 중에 당직을 서고 계시기에 교무실로 들어가시기 전에 사진 한 장을 부탁하였다. 이때 김병회 회장께서도 도착하셨다. 빨간약과 마데카솔, 그리고 시원한 생수도 준비해 오시어 먹여 주고, 발라 주고, 닦아 주셨다. 이런 것이 공동체 사회다.

이날 저녁에는 '8대째 망댕이 가마'의 전통을 물려받은 '조선요 사기장'이신 김영식 선생님(57)의 초청으로 전시관에서 만나기로 했다. 그의 전시관은 문경시 동로면 인곡리와 관음리, 하리 등에 있는 '문경도예촌'에 있었다. 그곳 도예촌은 조선 후기부터 일제강점기에서도 맥을 이어 온, 오늘의 문경 도자기의 맥을 잇고 있다.

동로면 진안리에 7대째 가업을 이어 온 중요무형문화재 제105호 사기장 기능보유자인 김정옥의 '영남요'를 비롯 천한봉의 '문경요', 김억주의 '황담요', 이정환의 '주흘도요' 등이 도예촌을 차지하고 있었다. 관음리에는 김성기의 '뇌암요', 김복만의 '관음요', 김영식의 '조선요', 이학천의 '묵심도요'가 있고, 하리에는 서선길의 '진안요', 팔영리에는 오순택의 '현암요'가 있어 문경을 대표하는 도요지의 전통과 맥을 상징하는 곳이다.

문경은 조선 초기부터 이어진 10여 개의 도요지가 여전히 활발히 운영되고 있는 곳으로 도예의 숨결을 뚜렷이 느낄 수 있는 고장이다. 특히 대한민국 우수 축제에 빛나는 '문경 전통찻사발 축제'를 매년 4월 말에 개최되어 5월 초순까지 일주일 동안 열린다. 그 역사와 뿌리의 소중함을 더욱 많은 이들과 나누고 있는 실정이다.

김영식 선생님의 조선요전시관에서 다리의 상처를 살피고 있다.

문경 전통도예촌의 도예가 김영식 선생님

8대째 망댕이 가마의 전통을 물려받은 조선요 사기장 김영식 선생과 오전에도 한나절 함께 걸었다. 이제 저녁에 다시 만나게 되었다. 어려서부터 도예 기술을 익힌 김영식 선생은 300여 년에 걸쳐, 8대조 김취정 선생으로부터 이어진 조선백자 기술 보유 가문의 8대 계승자다.

1969년 도예촌에서 출생하여 가마터를 놀이터로 여기며 자란 분이다. 김 선생은 1989년 7대를 잇던 부친 김천만 선생이 작고 후 본격적인 가업 잇기에 나섰다. 조선백자와 동시에 문경 도자기의 맥을 이었다. 대대로 내려온 망댕이 가마의 보존에도 중요한 역할을 하였다. 또한, 영남요를 운영하는 국가무형문화재 사기장 김정옥 선생의 친조카이다.

김영식 선생이 운영하는 문경 조선요가 더욱 특별한 까닭은 바로

'망댕이 가마' 때문이다. '망댕이 가마'란 흙을 절굿공이 모양으로 이어 붙인 가마 형태로, 문경 도자기 전통의 뿌리를 계승하는 상징이다. '조선요의 망댕이 가마'는 6대조 김영수 선생이 1843년에 축조한 것으로 경북도 민속자료 136호로 지정된 '망댕이 사기요'를 말한다. 이는 국내에서 유일하게 원형이 온전하게 남아 있는 조선 후기 '망댕이 가마'이다.

국내 유일의 원형 망댕이 가마를 소유한 김영식 선생은 꾸준히 전통 방식을 고집하는 작품 세계로 유명하다. 개인의 뜻으로 작품을 만들고 활동하는 일반적인 도예가보다 가문의 전통 방식을 계승하여 작품세계를 표현하고 드러내는 '전승도예가'라고 소개된 도예가이다.

자연스러운 맛이 있고 세월을 녹여 넣은 듯이 질박함이 좋다는 평가를 받는다. '망댕이요 박물관'과 함께 일반인들도 관람할 수 있게 되어 있었다. '하나의 문양도 허투루 넣는 일이 없다'는 정성이 우러난 작품들은 한 점 한 점을 만날 수 있는 곳이다. 세월과 전통, 예술혼이 지켜온 망댕이 가마도 그곳을 빛내고 있다.

문경 여행을 하시는 분들은 관음리 조선요를 찾아 김영식 선생의 대표작인 백자 달항아리를 비롯해 철화백자 양각국화 문주병, 분청어문주병과 이도다완, 철화난문다기 등 망댕이 가마에서 구워낸 도예가의 숨결을 느껴보는 것도 좋다.

△ 8/2, 문경읍-마성면 행정복지센터-점촌 북초등학교, 22km, 2만 9753보

긍정의 도시,
신현국
문경시장

〈8월 3일, 토, 이글거림〉

우리는 목적지가 보이지 않을 때 불안감을 느낀다. 오늘도 김병회 회장께서 가이드 역할을 하시기로 했다. 벌써 사흘째다. 아내와 함께 숙소를 출발해 점촌면 북초등학교로 향했다. 그곳에서 김경범 사장과 서보균 소장께서 기다리다가 참가하셨다. 어제까지 걸었던 곳이다. 어제 끝난 지점이 오늘 출발지가 된다.

길을 열심히 걸어 가는데, 갑자기 이정표가 눈에 확 들어온다. 문경대학교 5km라는 안내판이었다. 어린 시절 초등학교까지 살았던 문경에서 박사학위를 받고 처음 출강한 곳도 문경대학교로 그냥 지나칠 수가 없었다. 대구대학교에서 직업재활 박사학위를 받은 뒤 처음으로 나를 초청해 준 대학이었다. 졸업 후 경산에서 문경대학교까지 오가면서 강의한다는 것 자체에 감사하면서 1년 동안 열심히 강의하였다.

이때 아내가 매주 직접 운전하여 강의를 도와주었다. 마치 조교처럼 활동하였다. 그런데 2023년 1학기가 끝나 갈 무렵 갑자기 피곤함이 찾아오는 등 힘들어했다. 종합병원에서 초음파 등 종합검사를 받아보자 당뇨와 간경화가 심화되어 있다는 것을 주치의가 알려 주었다. 이 때문에 경산~문경대학교까지 오가는 장거리 강의를 중단하지 않을 수 없었다.

이곳 문경에서 강의가 중단되자 이번에는 영남이공대학교에서 **겸임교수로 채용해 주었다.** 잇따라 모교인 대구대학교에서도 직업재활에 대한 강의기회를 주었다. 정교수가 아닌 겸임교수와 강사직도 경험을 쌓는 데 큰 도움이 되었다. 교수란 직업은 항상 우러러보는 선생으로 나는 감히 생각도 못 했다.

중간에 서보균 소장 부부와 영천에서 오셨다는 정숙자 님까지 합류하였다. 이 무더운 여름철에 피서 대신 함께 땀을 흘리겠다는 응원군이 되어 주신 것이다. 우리 일행은 오전 11시쯤 문경시청에 도착했다. 먼저 시청 앞에서 사진을 찍고 있는데, 우리도 모르는 사이에 시장님께서 다가오셔서 웃으시면서 "같이 사진을 찍읍시다."라고 하셨다. 우리는 즐거운 마음으로 환담 장소로 이동했다.

시원한 오미자 차 한 잔에 그동안의 더위가 씻은 듯이 사라지는 것 같았다. 문경에서 받은 성대한 환영에 감사드리며 문경시 호계면에서 초등학교 시절을 보낸 추억과 더불어 문경이 제2의 고향이라서 그런지 걷는 길이 너무 좋았다고 했다. 시장께서는 동향을 반가워

하시며 "삼복더위에도 불구하고 많은 사람들에게 희망의 메시지를 전하려는 이 박사의 도보 종주를 무사히 마치기를 바라며, 장애인 과 비장애인이 더불어 함께 사는 문경이 될 수 있도록 최선을 다하겠다."고 말씀하시며 도보 중 건강에 유의할 것을 당부하셨다.

신현국(申鉉國, 73) 문경시장은 문경 출생으로 가은읍 문양초등과 대구 능인중, 대구고교, 영남대학교를 졸업하였다. 이후 KAIST(한국과학기술원)에서 생물공학으로 박사학위를 전공하신 뒤 환경부에서 20년 동안 공직생활과 교수직을 마친 뒤 17대 국회의원 비례대표에 이어 문경시장에 당선되셨다. 그는 천주교인으로 세례명은 '토마스 모어'이다.

우리 일행은 문경시청에서 환담을 마친 뒤, 문경시 나눔봉사단 김경범 회장과 동료들이 주최한 늦은 점심을 함께 먹었다. 그 자리에서 호계초등학교 후배들과도 인사를 나눌 수 있었다. 호계초등 후배 전운역 씨와 오미자 공상을 한다는 후배도 만날 수 있었다.

우리는 그곳을 나와 '영순면 행정복지센터'로 걷기 시작했다. 점촌 버스터미널을 돌아 길을 잘못 들어 자동차전용도로를 지나야 했다. 잡초가 우거져 그것을 헤치고 지나갔다. 아슬아슬하게 그 길을 지나 강변을 따라 올라가자 김병회 회장께서 미리 공원 쉼터에 도착해 기다리셨다. 서 소장의 부인이 가져온 음료와 함께 과일도 먹었다. 평소 모르는 길에서 막막함을 느끼면서 걷기도 했는데, 오늘은 확실히 다른 것 같았다. 다리는 무리하여 아팠지만 마음은 소풍을 나온 것 같았다.

이곳 지리를 훤하게 알고 계시는 김 회장께서 벌써 사흘 동안 가이드 역할을 해주셨다. 문경이 이리도 다양하고, 넓다는 것을 새삼스럽게 알게 되었다. 사실 장거리 종주길에는 이 같은 리더가 꼭 필요하다. 무엇보다 안전하게 걸을 수 있기 때문이다. 얼마를 왔는지, 얼마가 남았는지 알려 주셨다. 그렇게 우리는 '영순면 행정복지센터'에 도착해 직원들의 열렬한 환대를 받았다. 전광판에도 '왼발박사 이범식, 전국 종주길 환영'이라고 표기되어 있었다.

이같이 환영행사는 모두 함께하고 계시는 김병회 회장 덕분이다. 어제부터 함께했던 서보균 소장과 오늘 방문한 그의 부인과 친구까지도 아쉬운 이별을 했다. 좀 서운한 감정에 혼자 가슴이 먹먹하고 울컥하여 급히 숙소로 돌아왔다.

△ 8/3, 점촌 북초등학교-문경시청-영순면 행정복지센터, 15km,
　 1만 9817보

[동행 취재기] 양팔 없는 왼발박사

"도보 종주의 초심을 잊지 않고 뚜벅뚜벅 걷고 있어"

경북에 입성 문경새재 넘어,
많은 사람들 응원에 힘이 불끈 난다"

김진만 기자 (매일신문 2024.08.04)

'왼발박사' 이범식(왼쪽 두 번째) 씨가 1일 국도 도보 종주 문경새재 구간을 걸은 후 영남1관문에서 서보균, 김병회, 동행 취재 기자(왼쪽부터)와 함께 기념촬영을 했다.

양팔과 오른발이 없어 '왼발박사'라는 별명을 얻은 이범식(59·경북 경산) 씨가 서울에서 경산까지 약 400km 국토 도보 종주에 나선 지 18일 만인 지난 1일, 경북에 입성해 '도전'을 이어가고 있다.

▷ '왼발박사'가 홀로 서울에서 경북 경산까지 약 400km 도보 종주에 나선 이유는

중증 장애인인 이 박사가 '홀로' 지난달 15일 서울 광화문 세종대왕상 앞에서 출발해 경북 경산까지 약 400km 국토 도보 종주 '도전'에 나섰다. 종주 코스는 서울~경기도 성남~이천~충북 음성~괴산~경북 문경~예천~경북도청~의성~군위~대구~경산까지로, 약 40여 일간 우리 국토를 걷고 있다.

그가 몸이 성한 보통 사람들도 하기 힘든 국토 도보 종주에 나서면서 내건 메시지는 '대구·경북 통합'과 '지방 장애인 복지 향상'이다. 특히 "저의 한 걸음 한 걸음을 통해 장애인들에게 어떤 도전을 할 수 있다는 희망과 용기를 전하고 싶다"고 했다.

▷ 찜통 더위와 장맛비로 홀로 걷는 것이 쉽지 않아

이 박사는 지난달 15일 오후, 서울 광화문 세종대왕상 앞에서 국토 도보 종주를 시작했다. 의족을 한 오른발에 길찾기 앱을 설치한 휴대전화를 이용해 도보길을 찾아가면서 국토 종주를 하고 있다.

하지만 길찾기 앱을 활용해 걷고 있지만 서울과 경기도 길은 매우 복잡한 데다 도로폭이 넓은 탓에 자동차들이 빠른 속도로 달려 매우 위험했다. 초행길이라 길을 잘못 드는 경우도 허다했다.

수시로 주변에 있는 사람들에게 길을 물어 걷고 있지만 폭염 경보 속에서 아스팔트의 지열로 인해 온몸이 땀으로 흠뻑 적고 금세 지쳤다. 장맛비가 내릴 때는 길이 미끄러워 균형잡기가 어렵고, 온몸이 젖었을 때에는 천근만근 같은 무게감에 걷기가 너무 힘들었다.

양팔이 없고 한쪽 다리에 의족을 한 중증 장애인이 도보 종주를 하고 있다는 사실을 알게 된 사람들이 물이나 아이스크림, 음료수를 사서 먹여 주거나 땀을 닦아 주는 사람도 있다. 응원의 말을 건네는 사람들 등 따뜻한 사람들 응원 속에 지친 몸을 다시 일으키고 힘과 용기를 내 또다시 길을 나선다.

지난달 29일, 이 박사가 충북 괴산에 도착했을 때 남룡사 성공 주지 스님과 신도회원, 괴산군청에서 이 박사에게 꽃다발을 목에 걸어주며 환영해 주었다.

▷ 경북 입성, 문경새재 넘어면서 서포터즈를 자원하는 도민들 늘어나

그는 서울 광화문을 출발해 경기도 성남~광주~이천~여주~이천 장호원~충북 음성~괴산을 거쳐 15일 동안 걸어 7월 31일에 충북과 경북의 경계인 충북 연풍면에 도착했다. 그동안 약 180여km를 걸었다.

이 박사의 대장정 중간 지점인 8월 1일 오전, 소백산 자락인 충북 괴산군 연풍면 고사리마을 버스정류장에서 출발해 문경새재를 넘는 도보 종주에 나섰다. 문경새재는 새도 쉬어 넘는 고개라고 알려져 있다.

문경은 이 박사에게 특별한 곳이다. 아버지가 청도에서 하던 자동차정비업소에서 사고가 발생하면서 5세 때 탄광촌인 문경 호계로 이주해 호계국민학교 6년 때 경산으로 전학을 가기 전까지 살았던 추억이 남아 있다.

이날 도보 종주에는 기자와 서보균(61) 전 경주교도소장, 김병회(78) 전 문경종합온천 대표가 응원차 동행 종주에 나섰다. 서 전 소장은 이 박사가 대구교도소 교화위원으로 활동할 당시부터 알고 지내며 많은 도움을 주고 있다. 일행은 조령산 자연휴양림~영남 제3관문(조령관)~영남 제2관문(조곡관)~영남 1관문(주흘관)~문경도립공원 주차장까지 약 13km의 길을 함께 걸었다.

날씨가 35도가 넘는 무더위에 10여 분을 채 걷지 않았는데도 온몸에서 땀이 흠뻑 흘렀고, 숨은 턱까지 차오르지만 몸은 가벼웠다. 이 박사는 "그동안은 동행하는 사람이 거의 없어 외로웠는데 오늘은 동행자들이 있어 힘이 절로 솟는다"고 했다.

양팔과 오른발이 없는 '왼발박사' 이범식씨가 1일 국도 도보 종주 문경새재 구간을 서보균 전 경주교도소장과 걷고 있다. 김진만 기자

그는 오른발 무릎 아래는 의족을 한 상태라 40~50분 정도 걸은 후에는 꼭 쉬어야 한다. 의족을 낀 다리의 열을 낮추고 의족을 건조시켜야 의족과 닿은 피부가 짓무르는 것을 줄일 수 있기 때문이다.

우리는 이 박사와 함께 걷는 동안 그가 살아온 인생 이야기와 장애 극복기를 들으면서 그에 대해 좀 더 알게 됐다. 중간 중간 쉬면서 땀으로 흠뻑 젖은 그의 머리와 얼굴에 난 땀을 닦아주고, 물을 먹여 주며 의족이 마르도록 기다려주는 것밖에 특별히 해 줄 것이 없었다.

그가 능수능란하게 휴대전화의 길찾기 앱을 수시로 들여다보며 길을 걷고, 의족을 벗어 열을 식히고 다시 착용하는 일을 식은 죽 먹듯 쉽게 했다. 그저 놀라고 감탄하면서 그가 이렇게 자립하기까지 얼마나 많은 실패와 도전을 계속해 왔을지 생각하니 가슴이 짠하다.

▷ "도움과 응원에 힘이 나요"

동반 종주 이틀째인 2일에는 문경읍~마성면 행정복지센터~진남교반 휴게소~점촌 북초등학교까지 구간이다. 기자와 김경범(62) 경북 사랑의열매 나눔봉사단 문경시 단장, 8대째 조선요의 맥을 이어가는 문경 조선요 대표 김영식(56) 도예가가 동행했다.

양팔과 오른발이 없는 '왼발박사' 이범식(오른쪽 두 번째) 씨가 2일 국도 도보 종주 문경읍~마성면 구간에서 동반종주를 하고 있는 김경범, 김영식 씨가 지켜보는 가운데 김병희 씨가 이 박사에게 물을 먹여주고 있다. 김진만 기자

우리 일행이 마성면 행정복지센터에 방문했을 때 지성환 면장과 선 식원들이 따뜻한 환영해 주었다. 경상북도 권영문 장애인복지과장 일행도 이 박사의 도보 종주 응원차 마성면을 방문해 맛있는 점심 식사 대접해 주었다. 또 이철우 경북도지사의 격려말을 전하고 경북도 차원에서 도울 일을 적극 돕겠다고 했다.

마성면까지 동행한 김영식 도예가는 "일반인도 하기 힘든 종주를 중증 장애인이 이렇게 하다가 의지가 대단한 분이다. 많은 것을 배우고 느낀 시간이었다"고 말했다. 김경범 단장은 2일, 문경읍~진남교반 휴게소, 3일에는 점촌 북초등학교~문경시청까지 동반 종주를 하며 이 박사에게 큰 힘을 실어 주었다.

김 단장은 "그의 삶이 대단하다. 우리 모두에게 희망을 주고 있다. 밝은 미래가 펼쳐지길 바라고, 도보 종주도 무사히 잘 마치길 바란다"고 응원의 말을 전했다. 3일에는 문경시청을 방문해 신현국 문경시장과 간부, 김경범 단장과 단원들, 서보균 전 소장 등으로부터 환영을 받았다.

양팔과 오른발이 없는 '왼발박사' 이범식(오른쪽 두 번째) 씨가 국토 도보 종주 도중 2일 문경시청을 방문해 신현국 시장(오른쪽 세 번째)로부터 격려를 받았다.

신현국 시장은 이 박사의 인생사와 문경과의 인연을 듣고 난 후 "이 박사는 외발 하나로 장애와 온갖 차별을 딛고 일어선 인간 승리자로, 많은 사람들에게 희망을 전해 주고자 하고 있는 도보 대장정을 마지막까지 건강하게 잘 끝내길 바란다"고 격려했다.

문경시청에서 다시 출발해 영순면 행정복지센터에 도착하자 권순구 면장과 직원, 남기호 문경시의원 등이 휴일에도 이 박사 일행에게 음료수와 수박 등을 대접하며 환대해 주었다.

김병회 전 대표는 1~4일 나흘 동안 이 박사의 문경 구간 종주에 직접 함께 걷거나 걷기가 힘들 때는 자신의 차량을 이용해 종주하는 중간 중간 물이나 음료를 공수해 주고, 하루 동안 구간 종주가 끝나면 이 박사를 숙소로 태워주는 등 누구보다 헌신적인 봉사를 하고 있다.

김 대표는 "이 폭염에 사지도 멀쩡한 사람들도 국토 도보 종주를 한다는 것이 너무 힘든데 이 박사는 중증 장애인으로 도전정신이 귀감이 되고 존경스럽다. 이 때문에 마음을 다해 돕고 싶었다"고 겸손해했다.

4일 오후 예천 삼수정에 도착한 이 박사는 5일 오후쯤 경북도청에 도착할 예정이다. 이후에도 도전은 계속된다. "이제 국토 도보 종주를 절반 정도 한 것 같습니다. 세상에는 착한 귀인들이 많아 중간 중간 도움을 받고 그래서 힘이 납니다. 특히 경북에 입성한 후 많은 사람들이 응원해 줘 도보 종주를 잘 마칠 수 있을 것 같고 힘이 불끈 솟습니다"고 말했다.

문경시장실에서 서보균 소장이 이범식 박사의 흐르는 땀을 닦아주면서 잠시 휴식을 취하였다.

삼강주막과 더위 먹은 아내

〈8월 4일, 일, 또다시 폭염〉

새벽에 일어나면 가장 먼저 매일 걸어온 길을 메모하고, 휴대폰에 저장된 거리와 걸음걸이 숫자를 세어 보면서 하루를 계획해 본다. 일찍 아침을 먹은 뒤 다시 어제 도보를 마쳤던 '영순면 행정복지센터' 앞으로 아내와 함께 갔다. 이제 숙소도 옮기고, 이틀 후에는 도청으로 들어가 이철우 지사를 만나게 된다. 김병희 회장께서도 내 와이프를 먼저 삼강주막에 데려다주고 영순초등학교에서 다시 만나기로 하였다.

오늘은 홀로 행정복지센터를 출발, 첫 쉼터인 영순초등학교에 도착했다. 아내를 데려다주고 돌아온 김 회장님께서 기다리다가 나에게 음료와 '기운내라'면서 마른 '게맛살'을 먹여 주었다. 잠시 쉬고는 30분 정도를 더 걸어갔으나 다리가 아파 한 번 더 쉬었다. 의족을 빼서 바람에 말리고 실리콘도 제대로 끼우기 위해 손질을 했다.

잠시 쉬었다가 다시 걸어가자 삼거리가 나타났다. 김 회장께서 그곳에서 기다리고 계셨다. 마침 예천군 사랑의 열매 나눔봉사단 장경숙 단장도 격려차 오셨다. 조금 더 걸어가다가 이름을 알 수 없는 다리를 앞두고 다리가 심하게 저려서 또 한 번 쉬어야 했다. 혼자가 이리도 어렵다. 갑자기 일어나는 일에 대처하기도 어렵고, 빠르게 달리는 차량들로 위험을 느끼는 순간도 많았다. 무엇보다 아픈 다리 때문에 고통이 저려왔고, 마음도 외로운 길이다.

3일 전에 문경새재를 넘으면서부터 심하게 부어 오른쪽 다리는 제 기능을 못 하는 것 같았다. 보통 50분을 걷고는 10분씩 쉬었는데, 오늘은 거의 30분마다 한 번씩 쉬는 것 같았다. 도랑물이 조금씩 흐르는 둔덕 옆에 걸터앉아 쉬었다. 아예 의족을 빼지도 않았다. 이미 상태가 어떤 정도인지는 알고 있었기에 잠시 쉬면서 우측 다리를 안정시킨 뒤에 다시 조금씩 걸었다. 조금 더 걸어가자 콘크리트 다리가 나타났다.

문경과 예천의 경계인 것 같았다. 도로로 걷기는 위험할 것 같아 차도와 분리된 인도로 올라갔다. 발을 내딛는데 사람이 전혀 다니지 않는 곳 같았다. 조금 가자 거미줄이 겹겹이 쳐져 있어 그것을 그냥 지나쳐 갈 수밖에 없었다. 그러자 옷은 거미줄투성이가 되었다. 이런 경우는 처음이었다. 마침 다리 끝에는 하이킹하는 두 분이 쉬고 있어 그들에게 다가가 거추장스러운 거미줄을 좀 떼어 줄 것을 부탁하였다.

조금 더 걸어가자 아내에게 전화가 왔다. '어디쯤 오고 있느냐'고 물었다. 그리고는 '기다리다가 배가 고파서 국수 한 그릇을 먹었다'고 했다. 아내가 아프다고 누워만 있지 않고 나와서 국수라도 먹는다고 하기에 나도 덩달아 더 힘이 났다. 다리 아래쪽으로 내려가 잠시 그늘에 털썩 주저앉아 의족도 빼고 좀 쉬었다가 다시 출발했다. 오늘의 목표까지는 얼마 남지 않았다.

그런데 조금 후 생각지도 않았는데, 아내가 차를 몰고 걷고 있는 곳으로 왔다. 아내는 인근에 행상을 하는 곳에 나를 데리고 갔다. 그곳에서 생수를 한 병 시키고 한숨 돌린 후에 삼강주막까지 걸어서 늦게나마 김 회장과 묵채와 국수를 시켜 먹고 나왔다.

이날 삼강주막을 나오면서 아내가 많이 힘들어했다. 쉴 곳도 없고 시원한 곳도 없어 그냥 더위를 이겨내어야 하는 상황이었다. 나는 아직도 더 걸어야 할 곳이 남았고, 더위 먹은 아내가 걱정됐다. 목표 지점까지 "금방 걷고 돌아오겠다" 하였지만 아내는 몸이 너무 좋지 않았는지 '무조건 돌아가자'고 하였다. 아내는 그 힘든 와중에도 정신력을 발휘해 문경 숙소까지 되돌아갈 수 있었다.

일단 아내를 숙소에 쉬게 한 후 걱정이 되었지만 나는 목표한 구간을 걷기 위해 삼강주막으로 이동해 다시 출발해야만 했다. 삼강주막에서 나는 혼자 걸어가고, 김 회장은 '삼수정 정자에 미리 가서 기다리겠다'며 길을 알려주고는 출발하셨다. 여름 휴가철이라 많은 사람들이 휴가를 왔고, 물놀이를 즐기고 있었다. 나도 풍덩 시원한 물에 뛰어들고 싶었다.

욕구를 뒤로하고 나는 부지런히 걸어야만 했다. 최대한 빨리 끝내고 아내에게 돌아가야 한다는 한 가지 생각만 하있나. 강변을 따라 걷다가 이윽고 강이 끝나는 지점에 산길이 나왔다. 그런대로 경치가 좋았다. 합성목재 데크 도보 길을 만들어 놓았고, 그곳에서 걸어가는 내내 그늘과 강물이 참 보기 좋았다. 이후 산길로 올랐다가 다시 강변길로 걸어가자 먼 곳에 김 회장과 사회복지 공동모금회 예천 단장과 국장이 나와 있었다.

그들은 김경범 단장이 소개해 준 분이셨다. 어제 문경시청을 방문한 뒤 우리 일행에게 점심까지 대접해 주셨던 분들이다. 시원한 생수를 먹여 주셨다. 그곳에서 사진 촬영을 하고 잠시 멈출 예정이었으나

영순면 행정복지센터

내일을 생각해 최대한 더 많이 걷기로 했다. 회장님은 이안교에서 기다리기로 하였다. 또다시 그 끝을 알 수 없는 길이 시작되었다.

강변을 걷고 있는데 그 길은 인적조차 없었다. 강변 길을 걷고 있는데 '이 길을 걸으면 또 무엇이 나타날 것인가?' 생각에 잠겼다. 앞이 가물가물할 때쯤 경북도청 장애인복지과 권영문 과장이 전화를 주셨다. 길을 가다 주저앉아 의족에 달린 전화에 침을 바른 발가락으로 화면을 옆으로 밀고 통화버튼을 누르자 전화를 받을 수 있었다. 언제쯤 도청에 도착할 수 있는지를 물었다. "이틀 후에 보자. 나흘째 걷고 있는데도 문경시를 벗어나지 못했다"고 했다.

오후 4시가 됐다. 다시 데크 길이 시작되고 이윽고 나는 다시 강둑으로 진입했다. 거친 칡덩굴이 강둑에 뒤엉켜 길이 겨우 보일 정도였다. 혼자 끝없이 걸어가자 시야에 다리가 들어왔다. 큰 교량 앞에는 작고 오래된 다리가 옛날 그대로 놓여 있었다. 오늘까지 나흘 동안 도움을 주신 김 회장과 헤어져 재빨리 숙소로 돌아오자 아내는 기운을 차리고 있었다. 다행이다.

내일은 도청 소방안전센터에서 지보면 행정복지센터를 지나 오늘 본 그 교량에서 예천으로 들어가야 한다. 그래야 이틀 후에는 도청에 들어갈 수 있다. 내가 좀 더 걸어가야만 일정과 시간을 여유있게 조정할 수 있을 것 같았다. 힘든 하루였다. 잠을 청하지도 않았는데, 쓰러지듯 잠들어 버렸다.

△ 8/4, 영순면 행정복지센터-삼강주막-삼수정-이안교, 19km, 2만 6018보

희망, 저절로 주어지는 게 아니다

〈8월 5일, 월, 잇따른 폭염〉

새벽에 일어나 어제 걸어왔던 일정을 더듬어 보았다. 오늘은 혼자 걸어야 했다. 이제 나흘 동안 걸었던 문경을 벗어나 예천으로 진입하게 된다. 어제 멈추었던 그곳까지 걸어가기 위해 아내에게 도청 119센터 앞에 나를 내려 주도록 했다. 도청으로 곧게 뻗어 있는 그 길을 나는 역순으로 출발했다. 목표를 알고, 되돌아가 보면 길을 가늠하기에 좋다.

B지역인 도청 119센터에서 지보면을 거쳐 어제까지 걸었던 A지역인 이안교에 들어갈 생각이다. 역순으로 가는 큰 도로는 차량 통행이 많아 안전에 최대한 신경을 써야 했다. 최대한 도로 바깥으로 붙어서 걷기 시작했다. 사고는 오히려 좋은 도로에서 생긴다는 것을 여러 가지 사례를 통해 알고 있다.

내가 정말 어려웠을 때 나는 사회에서 도움을 받았다. 그 도움받은 은혜를 돌려주고자 장애인협회를 시작했다. 선천적인 장애인은 어릴 때부터 자신의 신세타령을 할 기회도 많지 않다. 살아가면서 차별받지 않고 살아가는 것이 선천적 장애인의 소망이다.

그러나 후천적 장애인은 다르다. 정상적인 삶을 살다가 어느 날 갑자기 일어난 사고로 일어난 장애는 정말 감당하기 어려운 정신적, 신체적, 사회적 고민을 감내해야만 한다. 그런 경우 상대적으로 적대감을 가지는 경우가 많다. 모든 것을 남의 탓으로 돌리는 경우가 대부분이다. 스스로 일어날 생각도 하지 않는다. 자포자기하고 신세타령에 몰입하다가 신경질적으로 바뀌는 것을 많이 보았다. 참으로 안타까운 경우가 많다. 자기 스스로를 용납하거나 사랑하지 않는 것이다.

그러한 조건에서도 희망을 갖고 사회 속에서 비슷한 사람들끼리 아픔을 이해하고 도울 수 있는 기회도 많다. 그럴 경우 그들의 얼굴은 밝아진다. 사회에 기여하고, 스스로 일어나야 남은 인생도 행복해진다. 그런 기회를 가지도록 여러 가지 경험과 행동을 함께하기를 요청해도 실제 참여하는 사람은 생각보다 적다. 자신의 인식능력의 한계를 가지면 그 순간 생각은 더 이상 확장될 수가 없다.

혼자 걸으면서 '끊임없이 왜 이 길을 걷고 있는지'를 스스로에게 물어봤다. 이것은 왜 운동하는가, 왜 걷는가, 라고 스스로 묻는 것과 같다. 우리는 자기에게도 끊임없이 질문을 해보아야 한다. 드라마 '허준'에서 그는 '인생에서 모든 사람은 태어나는 조건이 다르다'라고 했다.

> 사랑하는 나의 아내
> 김봉덕에게
> 여보!
> 평강공주 당신은 나에게 천사입니다
> 칠흑같은 어둠과 패여지고 갈라진
> 나의 대지위에 천천히 물길을 내어
> 삭막했던 가슴을 촉촉이 적셔
> 향기롭게 만들고
> 상처난 대지를 어루만져
> 다시 일어날수있는 밭을 만들고
> 어둠을 몰아내 희망을 준 당신
> 이제는 내가 희망을 줄게
> 우리 간경화앞에 무릎 꿇지 말자
> 아무것도 할수 없는 원망과 자책이
> 나를 짓눌러오지만
> 걱정마
> 내가 해낼테니
> 당신과 행복하게 살기위해 인생을 걸어볼래
> 내가 이야기했지
> 이쁜 우리 복덩이라고
> 이제 잔주름과 흰머리가 일상이 됐지만
> 당신은 여전히 나에겐 이쁜 복덩이야
> 당신은 나의 삶의 의미
> 우리 행복하게 살아가요 ♡

이 때문에 허준은 '왜, 내가 무슨 의미로 살아가는지, 삶의 의미를 찾아가는 것이 무엇보다 중요하다'는 독백을 했다. 나도 그렇다. 이번 여름 방학 중에 왜 걸어야 하는지에 대한 의미를 찾아야 한다. 그것은 소중한 의미다. 나는 가정이 있기에 아내가 소중하다. 늘 아내에게 도움만 받고 살다가 2023년 6월부터는 아픈 아내를 위해 나 스스로 할 수 있는 것을 찾아내고 있다.

지금은 박사학위를 취득한 후 사회적 강사로 살면서 장애인으로서 어떻게 사회에 기여할 것인지를 늘 고민하고 있다. 그래서 나는 '어려운 사람들에게 희망을 안겨주는 동기부여 강사로 살아가고 있는 것'이다. 후천적 장애를 입었는데도 불구하고 어려운 환경에서 일어날 수 있도록 함께 희망을 나누는 것이다. 꿈과 희망만 있다면 어떤 것도 성취할 수가 있는 것이다. 주저앉아 있지 말고 일어나 행동해야 하는 것을 의미한다.

누구나 자기 갱신이 필요하다. 먼저 정신적인 한계를 극복하는 것이 먼저다. 그것은 어려움을 이기는 정신이다. 내가 47세에 겨우 대학에 들어가 마음을 낮추고 자식뻘 청년들과 눈을 맞추면서 공부하여 10년 만에 박사학위를 취득했지만 공짜로 이루어진 것이 없다. 우선 아내의 격려로 공부를 시작했고, 많은 교수님들이 도와주었고, 같이 공부하는 학생들까지 마음으로도 큰 도움을 받았다.

이제 그 학위를 가지고 대학에서 제자들을 가르치는 것은 기본이다. 누구나 희망을 안고 살아갈 수 있도록 정제된 지혜를 서로 나누는 작업을 지속적으로 행동해야 하는 것이다. 그래서 계속하여 희망을 만들어 가야만 한다. 이것은 정신적 한계를 극복하는 과정이다. 나 혼자서 이겨나가는 것이 아니다.

그리고 다음은 신체적인 극복이다. 이렇게 서울에서 경북을 거쳐 경산에 있는 집까지 갈 수 있는 것도 신체적 한계를 이겨내는 과정이다. 나는 온전한 완주 자체가 중요하다. 그래서 누가 보든 안 보든 정확하게 걷고 있는 것이다. 이런 고통을 통해 자신의 한계를 점검해 보고 어떻게 극복할 수 있을지를 찾아가야 하는 것이다.

희망을 확장하는 것은 멀리 있지 않다. 우선 나부터 변화하고, 가정에서도 바꿔어야 하는 것이 많다. 지금껏 많은 것을 아내에게 의지했으나 이제부터 나 스스로 할 수 있는 것을 찾아내는 것을 게을리 하지 않고 있다. 그동안 물을 먹고 싶을 때 무조건 아내에게 의지했다.

정수기의 물을 스스로 받아서 마시는 것을 지난해부터 꾸준히 연습하여 6개월 만에 이뤄냈다. 지금은 유리컵을 입으로 물어 정수기에 물을 받아먹는 방법을 찾아냈다. 손잡이를 입으로 물어 버튼식 정수기를 눌러 물을 받아서 컵을 꺼내고, 다시 잔을 기울여 마시는 것도 연습을 통해 가능하게 되었다. 이제 혼자서도 잘할 수 있다.

하지만 이러한 연습을 하면서 다이아몬드와도 같은 위쪽 이빨 한 개를 그만 부러트리고 말았다. 아래쪽 치아 16개와 위쪽 16개 32개의 치아 가운데 한 개의 손실을 입었다. 김선완 교수는 이를 두고 "다이아몬드 한 개를 망실한 것과 같다"고 했다. 사람에게 자연치 32개를 60세 이상 보존한다는 것은 다이아몬드 이상의 가치가 있다고 했다.

과거 어른들이 '오복 가운데 최고의 복은 치아가 완전한 것'이라고 했는데, 그것을 실감하게 되었다. 큰 손실이지만 얻는 체험에 대한 대가를 치렀던 것이다. 거의 38년 동안 물을 직접 먹을 수 없었던 것을 해결하는 큰 전환이 되었다. 앞으로 이 과정을 통해 치아처럼 소중한 것을 잘 보호하는 것도 주의하여야겠다.

또 한 가지는 손 없이 혼자 문을 열고 닫는 법과 도어록을 여는 방법 등을 완전히 터득했다. 그동안 택시를 타고 내릴 때도 모두 타인

에게 의존했었다. 그러나 지금은 내게 남아 있는 유일한 도구인 왼발을 이용하여 발가락으로 차의 문을 열고 닫는다. 왼발로 키를 가지고 문을 열고 닫는 것도 익혔다. 왼쪽 어깨로 카드키를 문 앞에 인식시켜 사무실 문을 열고 닫는 것도 해냈다.

궁하면 통한다. 즉 찾아내고, 훈련하면 반드시 된다는 것을 스스로 찾아낸 것이다. 옛날에는 으레 아내가 모두 해주었다. 다리가 없는 우측 대퇴부에 라이너가 달린 실리콘을 끼우고, 의족을 채우는 일도 과거에는 모두 아내의 몫이었다. 그러나 이제 의족을 채우는 일은 모두 내가 하고 있다.

만약 그런 것을 찾아내지 않았다면 전국 종주길을 해내기란 어려웠을 것이다. 혼자 걸으면서도 땀에 흠뻑 젖어 한 시간마다 한 번씩 의족을 벗겨 실리콘 라이너를 말리지 않으면 그 영향은 곧장 고통으로 다가온다. 그래서 50분 정도를 걷고는 반드시 쉼을 가지는데, 나에게 쉼은 의족을 벗겨내고 실리콘을 말리는 시간으로 보면 된다. 그래야 다시 걸을 수 있기 때문이다.

꺾이지 않는 마음 *139*

이처럼 스스로도 동기부여를 통해 깨달음을 얻어가는 것이다. 교통사고로 입은 장애를 슬기롭게 극복하는 방법을 서로 나누는 일을 오래전부터 그들과 함께해 왔다. 그들에게 시범를 보여주고, 스스로 할 수 있을 때까지 땀을 뻘뻘 흘리면서 이뤄내도록 독려하기도 한다.

후천적 각종 요인으로 외상에 의한 트라우마를 겪게 된다. 멀쩡하던 사람이 장애인이 되면 그 불편은 이루 말할 수 없게 된다. 짜증도 나고, 죽고 싶은 생각이 곧잘 생긴다고 한다. 그런데 이를 잘 극복하는 방법을 깨달은 사람은 '외상 후 오히려 정신적, 신체적 성장을 가져오는 경우도 있다'는 것을 스스로 알게 된다.

그것을 극복하는 데는 작은 것도 적게는 몇 주가 걸리고, 수개월 후에 터득하기도 한다. 그런 과정을 통해 그것을 터득하면 뛸 듯이 기뻐한다. 그러면 나도 흐뭇해진다. 나는 많은 것을 터득하면서 이겨냈지만 아내와 결혼 후 도움을 받으면서 그런 노력을 게을리하지 않았나 되돌아본다.

오늘은 단조로운 길이지만 평지길을 계속 걸었다. 지보면에 접어드는 회전 로타리에서 잠시 쉬었다. 우측 대퇴부에는 고통이 몰려왔다. 점심때가 다 되어 '지보면 행정복지센터'로 들어갈 수 있었다. 그곳 직원에게 생수를 얻어 마시고는 잠시 쉬었다가 땀이 마르자 언덕 쪽에 있는 시골보건소를 찾아갔다.

우측 대퇴부에 의족으로 생긴 상처를 간호사에게 보여주자 직접 소독을 해주고 밴드를 붙여 주었다. 아주 정성스러운 사랑의 손길이었다. 그녀는 아주 친절했다. 한꺼번에 너무 많이 걸어서 생긴 상처라면서 '쉬었다가 걸으라'는 충고도 아끼지 않았다. 여분의 밴드도 챙겨 내 호주머니에 넣어 주었다.

저런 착한 간호사는 시골보건소에서 큰 역할을 한다. 시골지역 보건소에서 지역 주민들에게 희망을 주고 있는 것이다. 그 희망은 '그냥 주어지는 것이 아니라 만들어 가는 것'이라는 것을 깨달은 사람들이 아닐까 여겨진다. 오늘처럼 장애인의 의족을 벗겨 살펴보고는 손수 소독을 해주고, 밴드까지 붙여 주고, 여분을 챙겨주는 것이 무척이나 자연스러워 보였다. 나뿐만 아니라 다른 사람에게도 그런 정신으로 진료해 줄 것 같았다.

예천군 지보면 소재지를 벗어나자 논이 넓게 펼쳐져 있었다. 드디어 어제 도보를 마쳤던 이안교에 도착했다. 딱 35리를 단숨에 걸었다. 점심 먹을 시간도 이미 지나가 버렸다. '남자는 자신을 믿어주고 알아주는 사람에게 충성을 다한다'고 했듯이 내일은 이철우 도지사를 제때 만나기 위해 도청에 들어가게 된다.

△ 8/5, 이안교-지보면 행정복지센터-도청 119센터, 14km(총 298km), 1만 8593보

휴머니스트 이철우 경북도지사

〈8월 6일, 화, 쨍쨍〉

이범식 박사는 '경북의 별'이란 수식어로 호칭

예천 숙소에서 나와서 어제 걸음을 멈추었던 119센터로 갔다. 안전센터에서 경북도청까지는 십리길이다. 지금까지 걸었던 거리와 시간에 비해 가장 짧은 거리다. 우선 좀 정돈된 마음으로 도청으로 들어가고 싶었다. 이를 위해 이틀 전과 그제는 좀 무리하게 많은 거리를 걸었다. 그 때문에 결국 어제는 병의원을 찾아가 진료까지 받았던 것이다.

이철우 지사를 만나는 것은 사실 처음이 아니었다. 나는 국토 종주 길을 걷기도 전인 지난해 5월, 당시 지사께 도민의 한 사람으로서 '한번 뵙고 싶다'는 전화를 드렸다. 이 지사는 누구에게 들었는지 이미 나에 대해서 어느 정도는 알고 계셨다. '언제든지 오세요.'라고

142

하셨다. 나는 참으로 신기하게 여겼다. 그렇게 바쁜 분이 어떻게 나를 알고, 아무런 사전 연락도 없었는데 직접 받아주신 것이다.

나의 요청을 받은 이 지사께서 주저없이 흔쾌히 만나 주셨다. 비서실을 통해 일정이 잡혔다. 이 지사께 말씀드릴 4가지 정도를 컴퓨터로 메모해 보았다. 해야 할 말을 정리해 보는 정도였다.

방문 시에는 그런 것이 불필요했다. 도청에 들어가자 이 지사께서는 아예 한 시간을 비워 두셨다. 통상 외부 사람들은 삼십 분 단위로 면담하거나 의논하는 것으로 들었다.

나는 이 지사를 만나 "내가 잘할 수 있는 것이 강의다. 도청에서 강의할 수 있도록 신경을 써 달라"는 부탁을 드렸다. 내 프로필을 살펴보시던 이 지사는 "기초생활수급자 등록이나 장애인연금 등을 받지 않느냐"고 물었다. 이에 "나는 애초 기초수급자 등록을 하지 않았다"며 "그런 걸로 연명하기보다 내 힘으로 살아보자며 컴퓨터 가르치기와 수리, 판매사업 등 취업과 기업활동"을 주로 했음을 알려 드렸다.

이 지사는 나에게 "수급자가 되면 얼마나 받습니까"라고 물었다. 이에 나는 "수급자가 되면 한 달에 150만 원가량 받을 수 있습니다. 하지만 저는 그것을 오래전에 내려놓았습니다. 지금은 대학 강의로 매달 300만 원을 벌기도 어렵지만 앞으로 노력에 따라 많은 사람들에게 강의를 통해 500만 원 이상도 벌 수 있기에 그런 희망으로 살아간다"라고 말했다.

둘째는 "대구·경북 통합과 장애인 복지를 위해 서울에서 경북까지 400km 거리의 국토 종주길을 하고 싶다"는 뜻을 밝혔다. 대뜸 이

경북도청 3층 복도에
'현장에 답이 있다'는
캐리커처형 홍보물

경북도청 현관에 있는 도서관에서 이철우 도지사와 서포터즈 그룹

지사는 "평소 마라톤으로 강건했던 이봉주도 장거리 종주길에 입이 돌아가는 등 건강을 해쳤다"면서 "잘못 하다가는 죽는다"고 극구 말렸다. 그렇게 말리는데도 "저는 해볼랍니다." 하고 고집을 부리고 말았다.

세 번째와 네 번째를 소개하였다. "나는 직업재활 박사학위도 있기에 장애인들을 위한 '행복발전소'를 운영해 보고 싶다"고 말했다. 또 "현재 사단법인 대표로 있기에 정관을 바꾸어 장애인들 스스로 사회적응 훈련을 시키는 공간이 필요하고, 그들이 홀로 살도록 도와주고 싶다"는 뜻을 밝혔다. 이를 모두 들은 이 지사는 장애인복지과장을 통해 '검토해 보라'는 지시도 하였다.

이날 나는 양말을 벗고는 내가 쓴 '양팔 없이 품은 세상'이란 자서전 첫 장을 열고는 만년필을 발가락에 꽂아 사인을 해드렸다. 그리고는 그곳에 '꺾이지 않는 마음'이라고 적었다. 어떠한 난관을 만나도 꺾이지 않는 마음만 있다면 이뤄낼 수 있다는 의지를 담았다.

이때 이 지사는 권영문 장애인복지과장을 향해 "이 과장은 이 박사의 양발을 좀 신겨 드리세요. 그런 일을 하도록 당신 직책이 있는 것이 아니오."라고 했다. 그 한마디에 가슴이 뭉클했다. 참으로 자연스러운 그 말씀은 장애인의 가슴에 큰 울림을 주셨다. 그날 만남은 그렇게 종료되었다.

그렇게 만난 이후 3개월 만에 이 지사를 다시 뵙게 되는 날이다. 매일신문을 통해 '서울에서 경북까지 국토 종주를 하고 있다'는 소식을 알게 된 그는 장애인복지과장을 통해 "경북을 지나갈 때 꼭 도청에 들러달라"는 전갈을 보내오셨다. 권영문 과장은 내가 문경에 진입했다는 소식을 듣고 이미 며칠 전에 직접 문경까지 오시어 이 지사와 만남을 추진하였다. 그게 오늘이다.

내가 국토 종주길을 걷기로 마음을 먹은 것은 2023년 11월이다. 이에 앞서 아내에게 문제가 발생한 것이다. 아내는 경산에서 문경대학교까지 왕복 5시간씩 운전을 하면서 내 강의를 도왔다. 그렇게 건강하던 아내가 1년 만에 갑자기 피로도가 높아지고, 쉽게 피곤해하는 모습을 발견하게 된 것이다.

병의원에서 종합병원으로 가보라는 진단의뢰서를 받고, 큰 병원에서 '간경화'라는 진단을 받았다. 그것도 거의 말기에 가까워 간을 이식하지 않으면 안 될 정도가 되었다. 그 때문에 문경대학교 강의도 1년 만에 중단하게 된 것이다. 2023년 여름이었다. 이때부터 나는 아내에 대한 태도를 바꾸었다.

아내와 결혼 후 그녀는 오직 나를 위해 지금까지 살았기에 '이제 내가 그를 위해 살아야겠다'는 생각이 지배하였다. 그것은 같은 해 8월에 가진 첫 결심이었다. '그러려면 내가 먼저 건강해야 한다'는 생각에 이르렀다. 고마움을 표시하는 방법은 내가 먼저 변해야 한다는 것이었다.

그동안 10년 동안 책을 보고, 공부를 해 박사학위를 땄기에 정신적인 한계는 어느 정도 경험하게 됐다. '이제는 운동으로 건강한 몸을 만들어야 아내를 도울 수 있겠다'는 생각에 몰두했다. 20대에 병신이 된 아들을 위해 엄마는 헌신적으로 온몸을 던졌었다. 그런 뒤 양팔 없는 나와 결혼한 아내는 나에게 엄마와 같은 삶을 살아온 것이다.

이제 '내가 그녀를 살려야겠다'는 생각에 몰두했다. 그해 11월에 우선 우리 집이 있는 부영아파트 16층까지 엘리베이터 대신 계단을 오르고 내리는 운동을 하였다. 땀을 엄청 많이 흘렸다. 가을과 겨울까지 3개월 동안 옷이 흠뻑 젖도록 빠른 걸음으로 오르고 내렸다. 무릎이 심하게 아팠다.

그다음에는 아파트 주차장 공터와 운동시설 등을 이용하여 빠른 걸음으로 걷거나 뛰기도 하였다. 아내는 남편이 저러다가 자빠지지나 않을지 염려했다. 아파트 계단을 오르고 내린 훈련이 큰 도움이 되었다. 운동시설 중에 자전거 타기를 통해 근력운동을 시작한 뒤 2024년 2월부터는 집에서 사무실까지 4km를 뛰어가는 훈련을 했다.

처음에는 두 팔이 없어 웃옷의 소매가 허수아비처럼 펄럭거렸다. 3월부터는 공휴일마다 가까운 동산을 걸어 올랐다. 처음에는 걷다가 나중에는 언덕과 산을 뛰어서 올라가는 훈련을 하였다. 마치 대한민국 대표선수가 강훈을 하듯이 슬기로운 마트에서 상수도 정수장까지 올랐다.

슬기로운 마트 앞에서 첫 쉼터까지는 걷다가 숨이 불규칙으로 바뀌면 잠시 휴식을 취한 뒤 다시 정상까지 빠른 걸음으로 올라가는 연습도 하였다. 처음에는 힘이 들었으나 점차 가뿐 숨도 조절할 수 있었다. 걷고, 달리면서 정상 부근에 있는 운동시설에서 윗몸 일으키기 연습도 하였다. 이 같은 훈련을 통해 몸이 만들어지고 자신감이 생기자 한계를 돌파하는 '국토 종주길을 구체적으로 실천해야겠다'는 계획을 짰다.

이를 도백인 이철우 지사에게 가장 먼저 알리고 조언을 받고 싶었다. 그래서 이 지사께 휴대폰을 조심스럽게 찍었고, 얼마 후 신호음이 들리자 덜컹 직접 받아 버리는 것이었다. 나는 어느 장애인 행사장에서 이 지사로부터 명함을 받았고, 그 번호로 전화를 하면 비서관이 먼저 받을 줄 알았다.

그런데 이 지사는 "아, 이범식 박사군요. 비서에게 전화를 한번 주시고, 언제든지 오세요."라고 하셨다. 아마도 내 자서전 「양팔 없이 품은 세상」을 알고 계시는 것 같았다.

그런 인연으로 국토 종주길을 걷고 있던 나를 이 지사께서 도청으

로 초청해주신 것이다. 십리길을 걸어서 도청 정문에 이르게 되자 마침 도정간담회를 마치고 내려오시던 이 지사께서 나를 도청 1층 도서관 준비실로 안내하여 내 다리의 상처부터 살펴봐 주셨다. 그 장소에서는 박선하 도의원도 함께 있었다.

이 지사는 마침 이날 오전에 열린 '저출산극복위원회' 회의에 참석했던 위원들 15명 정도를 모시고 도청 1청에 있는 도서관으로 나를 데리고 가서는 나에게 **"꺾이지 않는 마음을 가진 이 박사가 우리 경북의 별"**이라고 하셨다. 그 말이 무슨 뜻인지는 자세히는 몰라도 도민을 감동하게 하는 최고의 격려로 들렸다.

△ 8/6, 경북도청 119센터-경북도청 본관, 4km, 9800보

종주길 격려에 나선 이철우 지사, "왼발박사 이범식, 경북의 별이자 자랑"

김진만 기자 (매일신문, 2024년 8월 7일)

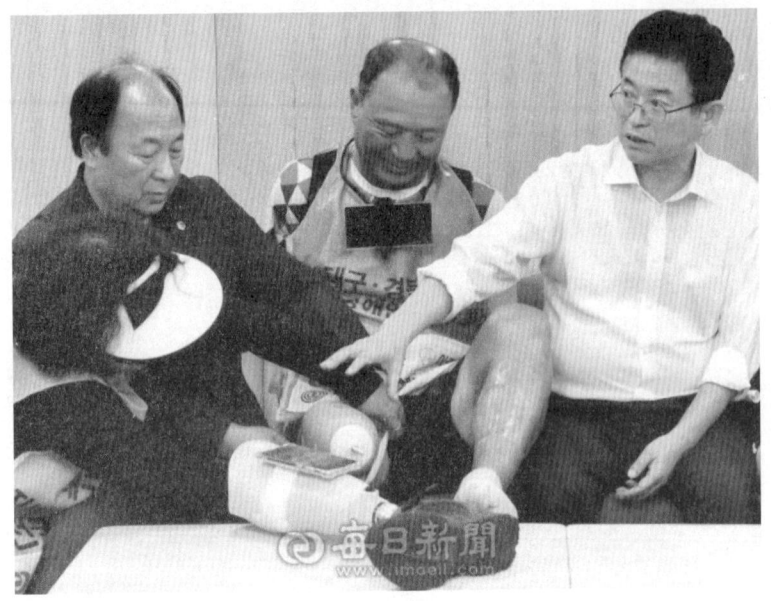

양팔과 오른발이 없어 '왼발박사'라는 별명을 얻은 이범식(59·경북 경산) 씨가 서울에서 경산까지 462km 국토종주길 도주에 들른 경북도청에서 이철우 지사와 박선하 도의원(좌측)께서 격려와 함께 다리의 상처를 살펴보고 있다. / 사진=서보균 제공

'왼발박사' 이범식(59·경북 경산) 씨가 서울에서 경산까지 약 400km 국토 도보 종주에 나선 지 16일 만인 지난 1일 경북에 입성해 '도전'을 이어가고 있다. 기자도 1, 2일 이 씨와 동행을 했다.

이 씨는 22세 때 감전사고로 양팔과 오른쪽 다리를 잃고 수많은 역경을 극복하고 47세에 대학에 들어가 만학도로 10년 만에 박사학위를 취득해 화제가 됐다. 그는 팔다리 가운데 성한 곳이 왼다리뿐이다. 오른발은 의족을 착용하고 있지만 몸의 균형을 잡기가 쉽지 않다. 그가 도보종주에 나선 것은 '대구·경북 통합'과 '지방 장애인 복지 향상'을 위해서다.

날씨가 35도가 넘는 무더위에 10여 분을 채 걷지 않았는데도 온몸에서 땀이 흠뻑 흘렀고 숨은 턱까지 차오르지만 몸은 가벼웠다. 이 씨는 "그동안은 동행하는 사람이 거의 없어 외로웠는데 오늘은 동행자가 있어 힘이 절로 솟는다"고 했다.

그는 오른발 무릎 아래는 의족을 한 상태라 40~50분 정도 걸은 후에는 꼭 쉬어야 한다고 했다. 의족을 낀 다리의 열을 낮추고 의족을 건조시켜야 의족과 닿은 피부가 짓무르는 것을 줄일 수 있기 때문이다.

그가 능수능란하게 휴대전화의 길찾기 앱을 수시로 들여다보며 길을 걷고, 의족을 벗어 열을 식히고 다시 착용하는 일을 식은 죽 먹듯 쉽게 했다. 그저 놀라고 감탄하면서 그가 이렇게 자립하기까지 얼마나 많은 실패와 도전을 계속해 왔을지 생각하니 마음이 짠했다.

그는 지난달 15일 오전 서울 광화문 세종대왕상 앞을 출발해 경기도 성남~이천~충북 음성~괴산~경북 문경~예천을 거쳐 이날 경북도청에 도착했다. 그는 지난 21일 동안 약 280km를 걸었다.

이철우 경북도지사도 이 씨의 사연에 큰 관심을 보였다. 종주를 시작한 지 21일째인 8월 6일, 경북도청에 도착하자 직접 만나 응원 메시지를 전했다.

이 지사는 "왼발박사 이범식은 경상북도의 별이자, 자랑이다"라고 극찬하면서 "이 폭염에 서울에서 여기 경북도청까지 걷는다는 것은 대단한 의지력이다. 이 씨의 도보 대장정이 나약한 젊은이들에게 도전정신과 희망을 줄 수 있었으면 좋겠다"고 말했다. 이어 "'중꺾마'(중요한 것은 꺾이지 않는 마음) 정신으로 남은 구간 도보 종주를 건강하게 완주하길 바란다"고 응원했다.

이 씨는 "이철우 도지사를 비롯한 많은 분들의 응원과 격려에 큰 힘을 얻어 남은 도보 종주를 건강하게 완주하겠다"고 다짐했다. 이날 경북도의회 박선하 의원과 경북도청 간부, 안동 법륜사 신도회원, 지난 1~6일까지 물과 음료수 공급과 숙소까지 태워주기 등 헌신적으로 도운 김병회 전 문경종합온천 대표, 몇 구간 동행종주를 한 서보균 전 경주교도소장과 김경범 경북사랑의열매 나눔봉사단 문경시단장 등이 이 박사의 도보 종주를 응원하며 남은 경산까지의 완주를 기원했다.

이철우 지사는 박선하 경북도의원과 '저출산극복추진위원회' 위원들과 함께 종주길의 무사완주를 기원해 주었다.

서애 류성룡 선생의 징비록

〈8월 7일, 수, 무더위〉

이날 아침부터 자동차를 몰고 종주길에 나선 나를 만나러 최종국 씨가 찾아왔다. 그는 오늘 우리들보다 앞장서서 길을 안내하기로 했다. 한때 장애인협회 봉사를 함께하셨던 분이다. 점촌에서 차를 타고 도청까지 왔으나 사실 그는 하체마비 장애인으로 독특한 기계장치를 활용한 특수차량으로 운전을 하고 있다.

그는 충분한 정보를 가지고 있지를 못해 '안동을 어떻게 빠져나갈 것인가'를 두고 토론을 벌였다. 그분도 차를 타고 내비게이션만 따라만 다녀서 지리에 익숙하지를 못했다. 처음에는 남안동IC 방향으로 선도했다가 이곳저곳으로 돌아보고 다시 오셨다. 안동병원 쪽으로 가서 살펴보자 그곳은 교통량이 너무 많아 위험하다면서 부용대까지 걸어서 의성으로 넘어가는 방향을 제시하기도 했다.

혼란이 일어나 도청 청원경찰에게 여쭤 보았다. 그는 '자신은 안동 지리를 잘 안다'고 했다. 그분은 풍산면 행정복지센터를 거쳐 부용대 가는 길로 접어들라고 신신당부하셨다. 그래서 최 씨의 차가 앞장을 서고 우리는 도청에서 남쪽으로 방향을 잡았다.

방향을 잡고 걸어가자 커다란 저수지가 나왔다. 연못 둑을 따라 계속 내려가 풍산면 행정복지센터 방향으로 계속 걸었다. 걸어가다 어떤 어르신이 나에게 말을 걸어 주셨다. '고개를 넘어 걸어가면 면사무소가 나온다'고 하셨다. 진짜 제대로 방향을 잡은 것 같았다. 마침내 행정복지센터가 나와서 우리는 안으로 들어가 쉬기로 했다.

차량으로 가이드 역할을 했던 그분은 휠체어를 타는 분이라 에어컨을 틀어놓고 차에서 기다리기로 했다. 행정복지센터는 시원하였다. 생수도 마실 수 있었고, 땀을 식힐 수가 있었다. 잠시 후 그곳을 나와 직진하자 큰 다리가 있었다. 그 다리를 건너 산허리를 돌아가자 산 쪽에 사당이 보였고, 강 건너편이 부용대로 여겨졌다.

이곳 부용대에서 서애 류성룡 선생이 쓴 책이 '징비록'이다. 임진왜란에 관한 직접적인 기록인 '징비록'은 저자인 류성룡이 다시는 이 땅에 이러한 일이 일어나지 않기를 기원하는 마음이 담겼다. 이 책은 임진왜란 7년과 그 마음을 담아 저술한 책으로서 징비록의 '징비'는 '미리 징계하여 후환을 경계한다'는 뜻이다.

'징비록'은 임진왜란 당시 국정의 책임자로서 선조의 무능함을 자신의 능력으로 극복한 류성룡의 개인적인 의견이 많이 담겨

져있는 책으로 평가받고 있다. 전쟁이 끝난 뒤 영의정인 류성룡에게 책임을 물어야 한다는 반대파의 조롱에도 굴하지 않았으나 결국 선조는 삭탈관직하여 그를 귀향시키고 말았다. 이에 서애는 고향인 풍산으로 내려와 '징비록' 저서와 제자들을 길러내는 데 최선을 다하기도 했다.

△ 8/7, 경북 도청-안동시 풍천면 부용대, 10km, 1만 3764보

안동시 풍천면 광덕리 '부용대'

고갯길이 나와서 숨이 턱까지

〈8월 8일, 목, 무더위〉

권영문 장애인복지과장이 또다시 응원을 나와 주었다. 참으로 고마운 일이다. 오늘은 부용대에서 남안동IC까지를 목표로 잡았다. 얼마 걷지 않아 고갯길이 나타났다. 처음에는 '곧 끝나겠지'라고 여기면서 걸었지만 끝이 보이지 않았다. 굽이굽이 이어진 그 길은 갈수록 경사가 심해지며 숨이 턱까지 차올라 한계를 시험했다.

다행인 것은 오전이라 체력이 뒷받침되어서 그 길을 겨우 넘었다고 여겨진다. 그런데 고갯길은 한 번만이 아니고 삽재에 이어 두 차례나 더 만만치 않은 고갯길이 나왔다. 무슨 인내를 시험하는 것도 아니고, 오전부터 땀으로 범벅이 되었다. 그렇게 걷고 걸어서 나는 서안동 농협 마당에 도착하였다. 문을 열고 들어가면서 직원에게 "좀 쉬어가도 되느냐"고 물으면서 나는 그냥 소파에 털썩 주저앉았다.

땀이 비 오듯이 흘러내렸고, 실리콘을 벗겨내자 땀은 물이 되어 쏟아졌다. 그 광경을 지켜보던 남자가 얼른 가서 하드를 한 개 가져와서는 "잡수세요."라고 하였다. 나는 "밖에도 일행이 있으니 한 개 더 가져다줄 수 있느냐"고 부탁하였다. 그는 "아까 차를 몰고 오면서 힘들게 고개를 넘는 우리를 봤다"고 했다. "걸어서는 넘기 힘든 재"라는 설명도 덧붙였다.

잠시 땀을 식히는데 경북사회복지사협회 강창규 회장님과 김우찬 사무처장, 남호숙 부장, 추화식 팀장 등 직원들이 격려차 도착하였다. 작은 냉장고 주머니에서 주섬주섬 게토레이를 내놓았다. 생수보다도 응원을 위해 달려와 준 그분들을 보면서 힘이 불끈 일어났다. 다시 실리콘을 잘려진 대퇴부에 채우고, 의족을 끼운 뒤에 가볍게 일어났다. 그렇게 다시 출발하면서 또 하나의 재를 마주하였다.

그 고갯길은 좀 쉬웠다. 재를 넘어 버스정류장에서 좀 쉬었다. 마을을 지나가면서 인상적인 것은 느티나무였다. 아름드리 느티나무 옆에 쉼터가 있었지만 나는 계속 걸었다. 작은 고개를 또 하나 넘어서 내려가는데 이번에는 웬 승용차가 내 앞으로 천천히 다가오면서 젊은이가 창문을 내린다. "다른 것은 드릴 것이 없고, 캔커피라도 드시고 힘내시라"고 하였다.

이런 어려운 모습을 보고 서로 도우면 살기 좋은 곳이 된다. 나는 그분이 준 커피를 동료들에게 건네 주었다. 다시 걸어가면서 바라보이는 먼 곳에 또 다른 도로가 보였다. 나는 샛길을 지나 도로 밑을 지나 당초 보였던 도로에 올라가 합류하였다. 갓길을 걸어 다리를 지나자 여러 도로가 만나는 복잡한 지점에 다다랐다.

오른쪽으로 돌아서 들어가자 시가지가 나왔다. 그곳을 지나 오른쪽을 꺾어서 조금 내려가자 일직면 행정복지센터 이정표가 나타났다. 오늘은 내일 참여하는 사람들을 위해 더 멀리 걸어왔다. 오늘 많이 걸어놔야 내일 참여하는 서포터즈들이 작은 거리만 걸어도 되도록 오늘은 도청 주변에서 걷던 거리보다는 두 배 정도의 거리를 걸어서 일직면에 도착했다.

△ 8/8, 안동 풍천면 부용대-일직면 행정복지센터, 28km, 3만 7318보

김진만 기자와 경산시의회 권중석 의원

〈8월 9일, 금, 무더위〉

이날 안동 일직면에서 단촌면을 거쳐 의성군청까지 걷기로 했다. 일직면 담벽에는 이곳 출신인 권정생 아동문학가의 얼굴을 그려 놓았다. 오늘은 경산시의회 권중석 의원, 김진만 기자와 함께 출발하기로 했다. 어제 가이드 역할을 했던 최종국 씨는 숙소에서 나를 태워 오늘 출발할 장소인 일직면에 내려주고 떠났다. 감사한 마음을 주고받았다.

김병회 회장께서는 아내를 에스코트하여 점촌 숙소에서 의성군청 옆 숙소까지 데려다주셨다. 한 시간 이상 걸릴 거리였다. 김 회장은 충북 괴산에서 문경새재를 넘도록 도와주었고, 문경지역을 완전히 주파할 때까지 가이드해 주셨다. 참으로 친형님 같은 따뜻함을 느끼게 해주었다. 역시 문경사회를 이끌어가는 리더십이 엿보이는 분이셨다.

안동시 일직면 행정복지센터 담벽에 그려진 아동문학가 권정생 기념물

일직면을 출발하자 기다란 다리가 나타났다. 그 다리를 건너 계속 도로 갓길로 걸어갔다. 권중석 의원이 잘 아는 길이라고 했다. 오전 내에 부지런히 걸어서 15km를 걸어서 단촌면에 도착하였다. 이미 점심시간을 훨씬 넘긴 시간이었다. 시간이 늦어서 점심을 함께 먹은 뒤에 권중석 의원을 먼저 떠나보내야 했다. 이렇게 한나절이라도 참여하여 함께 땀을 흘려주고 떠나는 분의 뒷모습이 아름답게 느껴졌다.

우측 다리가 벌겋게 달아올랐다. 안동에서 부용대를 거쳐 일직면까지 오면서 가파른 재를 오르고 내리면서 의족의 마찰이 심해 다리까지 저려왔다. 고통을 참기에는 한계를 느꼈다. 다리 상처를 치료

하기 위해 지역 보건소에 들렀는데 그곳의 직원이 무척이나 쌀쌀맞았다. 마치 하지 않아도 될 임무를 맡게 된 양 부가적인 시간낭비로 여기는 것 같았다.

그래도 꾹 참고 아픈 곳을 소독하고, 밴드를 붙였다. 이제는 김 기자와 나 둘이서 가야만 했다. 초행길이라 어느 길인지 분간이 가지 않았다. 길을 가다가 아닌 것 같아서 되돌아나와서 처음으로 만난 할머니들에게 물어보자 "그 길이 의성으로 가는 길이 맞다"고 한다. 아이구야, 되돌아 나온 거리가 한참이나 멀어 보였다. 뜨거운 오후 시간의 태양을 이고 두 사람은 말도 잊은 채 걸었다.

길이 맞는지도 모른 채 걷던 들판에는 외국인 노동자들이 일을 하고 있었다. 이런 더위에도 쉬지도 않고 일하는 것을 보면 계절근로자로 농촌으로 와서 일을 하는 것 같았다. 최저임금만 받고 일하는 저들의 임금이 본국에 송금되면 그 나라 화폐가치보다 무려 다섯 배 이상의 가치로 통용된다고 한다. 고향에 있는 가족들을 생각한다면 저렇게 일할 수 있는 것도 의미가 있는 것이라고 여겨진다.

고추를 따는 노부부와 이야기를 하는데 그분이 복숭아를 내놓으셨다. 큰 복숭아를 단숨에 먹어버리자 그 농부는 다시 자신들의 새참으로 가져온 복숭아를 두 개나 더 주는 것이 아닌가. 그분들은 부모의 마음으로 자신들이 먹을 간식을 우리들에게 준 것이 아닌가. 우리들이 고맙다는 말을 여러 차례 하고서 김 기자와 나는 서로 쳐다보고 웃으면서 맛있게 먹었다.

좀 더 걷다 느티나무 아래 정자에서 쉬어야 했다. 그러고는 무작정 걸었다. 평소 날마다 쉼 없이 걸어야 한다는 것을 강조한 김 기자였다. 그러나 오늘은 나보다도 그가 더 힘들어 보인다. 나는 서울에서 경산까지 천리길을 종주하기 위해 10개월 이상이나 걷고 뛰면서 조련해 왔으나 늘 기사만 쓰던 김 기자가 며칠 동안 동행취재를 하면서 한계를 보였다.

어제부터 고갯길을 넘어오면서 우측 대퇴부는 부풀 대로 부풀어 벌겋게 달아 있었으나 더위에 고통스러워 보이는 김 기자를 바라보면서 아프다고 엄살을 떨 수도 없었다. 그래서 내가 먼저 나무그늘 아래에 주저앉아 버렸다. 그제서야 김 기자도 쉬자고 한다.

쉬었다가 다시 출발하자 작은 고개가 나타나 힘겹게 올라가 정상에 이르자 이번에는 김 기자가 먼저 쉬어가자고 주저앉아 버렸다. 그가 아껴 두었던 초콜릿을 나에게 하나 주는데 하도 숨이 차서 그것을 다 먹지도 못했다. 반쯤 먹고는 은빛 포장지에 그것을 다시 접어 윗옷 작은 주머니에 넣어 두었다. 그리고는 잊어버렸다. 이후 초콜릿은 마르고 비틀어져 5개월 뒤에 사무실에서 옷을 털자 우연히 그것이 툭 떨어져 나왔다.

고갯길을 내려가면서 물도 다 떨어져 버려 산기슭에 있는 농가에 들어가 물을 부탁했다. 누가 다녀갔는지 물놀이 튜브가 놓여 있었고, 물도 아직 그대로 채워져 있었다. 그 집 어르신은 우리에게 생수를 두 병이나 주셨지만 나는 한 병 더 부탁을 드렸다. 다시 부엌으로 들어간 그분은 한 병이 아닌 두 병을 가져다가 우리들에게 각각 한 병씩 주셨다. 이것이 시골 인심이었다.

162

그곳에는 대추나무가 많았다. 농부에게 큰인사를 드리고 계속 산 아래로 내려오자 큰 도로와 마주쳤다. 마침 쉬었다 가기에 안성맞춤인 너럭바위가 있었고, 우리는 거기에 앉아 좀 쉬고는 다시 길을 재촉했다. 오늘은 모처럼 점심도 먹었기에 힘내서 걷자면서 오히려 김 기자를 내가 재촉하는 꼴이 되었다.

평소에는 김 기자가 날마다 일정한 거리를 걸어야 한다고 코치 겸 잔소리가 많았는데 오늘은 내가 그러했다. 아마도 아픈 다리의 통증을 잊기 위해 그런 소리가 자꾸 나온 것 같았다. 사실 그 소리는 내 귀에는 헛소리처럼 들렸다. 나는 당장이라도 멈추고, 의족을 빼고는 대퇴부를 살펴보고 싶을 만큼 거의 다리가 마비되어 있었다.

우리는 숙소 옆에 있는 작은 식당을 택해 저녁을 먹었다. 어느 부부가 운영하는 그곳 '영애식당'은 안주인의 이름을 딴 것 같았다. 저녁을 준비해 식탁에 내주면서 '우리 부부가 서울에서 경북을 거쳐 경산까지 종주를 한다'는 것을 알고 관심을 보여주셨다. 그리고 식사 후 나오는데, '저녁값을 한사코 받지 않겠다'는 주인 아주머니는 "남편과 그렇게 하기로 의논했다. 그렇게라도 힘을 보태고 싶다"고 하셨다. 참으로 고마운 마음이다.

△ 8/9, 일직면 행정복지센터-의성군청, 26km, 3만 4148보

고개를 넘어
조문국
산마루

⟨8월 10일, 토, 쨍쨍⟩

오늘은 의성군청에서 금성면까지 걷기로 했다. 오전 8시에 숙소로 정한 여관에서 나와 어제 저녁을 먹은 곳에서 다시 아침을 먹었다. 어제 정성껏 준비한 저녁을 먹고도 주인 부부는 우리가 먹은 식대까지 받지 않으셨다. 그 마음을 잊을 수가 없었다. 우리는 오늘 걷기를 오전 내로 마친 뒤 이곳으로 다시 되돌아와서 점심을 먹기로 했다.

오전 9시, 의성군청 마당에서 매일신문의 김진만 기자와 함께 김선완 교수를 기다렸다. 출발하기 정확히 10분 전에 김 교수가 도착해 우리 셋은 의성군청을 배경으로 기념사진을 한 장 남겨 놓기로 했다. 토요일 휴일이라 군청에 오는 사람이 아무도 없어 누구에게 부탁할 수가 없었다. 궁리 끝에 의성군청 1층 당직실로 들어가 공무원에게 '사진 한 장을 찍어달라'는 부탁을 하였다.

의성군청 현관 앞에서

'서울에서 출발하여 25일 만에 의성에 도착했다'는 말을 들은 그는 "이 같은 무더위에 그것은 사실상 불가능한 일이다. 도저히 믿어지지가 않는다"고 했다. 한참 동안 우리 이야기를 듣고는 어느 정도 수긍을 하면서도 '도저히 이해가 안 된다'는 표정을 지었다. 연신 사진을 찍어 주면서도 휴대폰의 카메라 렌즈를 통해 우리들의 표정을 자세히 살피는 것 같았다.

의성군청을 나와 읍소재지를 지나 금성면까지 가는 길은 시가지를 돌아서 외곽지로 곧게 나와 있었다. 그런데 얼마 되지 않아 갈림길이 나오고 좌측 산길로 접어들자 2차선 도로는 확장공사로 분주하였다. 다리를 확장하는 곳에는 우회도로를 만들어 통행하는 바람에 제법 돌아서 산길로 올랐다. 차량 통행이 많아 도로에는 먼지가 크게 일어났다.

포클레인 작업과 덤프트럭 작업으로 도로의 폭이 좁아졌다. 산길도 경사면에는 콘크리트 차단벽을 만들고, 위쪽으로는 돌망태기를 쌓아 흙과 돌이 굴러 내리지 않도록 공사를 하고 있었다. 공사장을 가급적 피해 걸으면서도 끊임없이 지나가는 차량에서 일어나는 흙먼지는 걷기에 불편함을 주었다. 땀으로 진득거리는데 먼지까지 일어나니 얼굴이 버석거리는 것 같았다. 오전 시간에도 날씨는 변덕을 부려 무더웠다.

고갯길을 돌면서 좌측에 작은 저수지가 나왔고, 작은 나무 그늘이 보이자 쉬어 가기로 했다. 세상에, 출발한 지 한 시간에 불과한데도 무더위로 모두 땀으로 흥건히 젖어 있었다. 잠시 쉬는 동안에도 의족을 한 우측 다리는 어제까지 무리한 걷기로 인해 욱씬거렸다. 이 상태로는 멀리 가지 못할 것 같아 오늘은 10km만 걷기로 했다.

십 분 정도만 쉬고는 다시 산골 길을 따라서 고갯마루를 지나자 다시 내리막길이 나왔다. 걷기는 오르막보다 사실 내리막이 더 힘이 든다. 30분 정도를 내려갔는데 우측 의족과 대퇴부 사이가 져려오기 시작했다. 마침 버스 정류장이 보여 의자에 앉아 우측 의족을 빼고 무릎을 살펴보았다. 벌겋게 부어올라 있었다. 문경에 들어온 뒤 생긴 현상이다.

한참 동안 열을 식히면서 흐르는 땀을 닦았다. 이럴 때 함께 걷는

두 사람이 있다는 것은 정말 큰 도움이 되었다. 어제까지 김 기자가 나를 도와 쉴 때마다 물을 먹여 주었고, 소변도 해결할 수 있었다. 오늘은 김 교수께서 함께 걸으면서 그 일을 대신해 주었다. 그런데 그의 손동작이나 몸놀림이 유연하다. 마치 이런 일을 많이 해 본 것 같아 보였다. 사실 김 교수는 김 기자를 통해 이야기는 많이 들었으나 직접 만난 것은 오늘이 처음이다.

첫 만남인데도 오래전부터 알고 지낸 친구 사이처럼 느껴졌다. 스스럼없이 바지를 내려 오줌도 뉘어 주었다. 오늘 오전에는 처음으로 소변을 보았다. 낮에는 대부분 땀으로 수분이 배출되는 바람에 오줌을 누지 않아도 참을 만했으나 오늘은 더위로 물을 자주 마시면서 오줌을 자주 누고 싶었다. 누군가 있을 때는 사실 그런 도움을 받을 수 있기에 미리미리 오줌을 배출해 걷기를 할 때는 그런 수고를 덜 수 있었다.

그동안 혼자 걸을 때는 급하면서 그냥 눌 수밖에 없는 것이 나의 처지였다. 그렇기 때문에 생리문제는 견딜 수 없는 고통이 되기도 한다. 시간을 보아서 누구의 도움도 받지 못할 때를 대비하여 아예 음식을 줄이는 경우도 있었다. 하지만 서울에서 출발하여 오래도록 걸어 내려오면서 날마다 걷기를 위해 영양보충을 해두어야 하기에 저녁을 많이 먹는 경향도 있었다.

오래도록 쉴 수가 없다. 오래 쉬면 오히려 몸이 무거워져 멀리 걸을 수가 없다. 그래서 오십 분을 걷고는 반드시 10분 정도씩만 쉰다. 사실 오래 쉬다가 시간이 좀 흐르면 앉은 채로 다시 누워 버리고 싶은 욕구가 생기는 것이 인간이다. 누우면 금방 눈이 감겨 잠이 들어 버릴 것 같다. 그것을 막기 위해서라도 '늘 잠깐씩 쉰다'는 원칙을 비교적 지켜왔다.

의족을 빼고 붉게 달아오른 오른쪽 다리를 젖은 물수건으로 열을 식혀야 한다. 오래 쉴 수가 없기에 응급처방만 하고 우리는 땡볕 하늘을 이고 다시 산마루를 돌아 아래쪽으로 돌아서 산기슭에 다다랐다. 이때 왼쪽 편에 열차가 지나가는 다리 아래로 작은 통로가 있는 것이 보였다.

김 교수는 그곳으로 우리 두 사람을 적극적으로 안내하였다. 무엇인가 자신감이 있어 보였다. 굴다리 아래에 앉아 우측 다리 의족을 빼고 젖은 수건으로 제대로 몸을 식혔다. 굴다리 한쪽으로는 작은 홈이 파져 있어서 산쪽에서 흐르는 물이 고여서 흘러 내리고 있었다. 비교적 물이 차갑게 느껴졌다. 김 교수는 땀을 닦던 수건으로 물을 적셔 가지고는 우측 다리를 감싸 주었다. 또 다른 수건으로는 물을 적신 뒤 짜고는 내 얼굴을 감싸서 열을 식혀 주었다.

어제까지 김 기자가 해주었던 모습이 오버랩되었다. 어제까지 김 기자가 보여 준 서비스였다. 그런데 오늘은 김 교수가 그런 자잘한 도움을 도맡아 주었다. 김 기자와 김 교수는 그런 측면에서 '잘 훈

련된 장애인 활동가'처럼 보였다. 취재를 통해 20년 전에 만난 김 기자는 자신의 직업을 떠나서 나와 호흡을 같이해 주었다. 이같이 서울에서 고향까지 천리 종주길을 할 수 있도록 동기를 부여한 것은 김 기자의 공로다.

그는 일 년 전부터 나에게 용기를 주고, 채찍질해 주었다. 그가 없었다면 서울에서 시작한 종주길은 엄두도 낼 수 없었을 것이다. 그런데 오늘은 김 기자는 옆에서 바라보고 있고, 오늘 처음 만난 김 교수께서 아무 말도 없이 온갖 정성을 다해 주는 게 아닌가. 이런 호사를 누린다는 게 정말 행복이다. 혼자서 걸어오면서 넘어지고 자빠진 것을 생각하면 경상도 길을 걷는 나에게는 지나온 시간과 길이 아득하게만 생각되었다.

평소보다 쉬는 시간이 두 배 이상 걸렸다. 나도 쉬어야겠지만 두 사람도 조금 지쳐 보인다. 다시 의족 라이너를 채우고 의족을 끼워 힘차게 일어났다. 함께 걸으면서 내가 힘든 표정을 보이면 걷는 두 사람도 더욱 힘들 것이기 때문이다. 당초 더위로 인해 10km만 걷기로 했으나 우리는 조문국 유적에서 쉬었다가 갈 수 있는 곳까지는 걷기로 했다. 확장공사가 절반쯤 되어 있는 평지길을 따라 우리는 조문국 유적지를 향해 쉼 없이 걸었다.

이미 시간이 12시가 되었다. 평소 같았으면 점심을 먹어야 할 시간이다. 그런데 도무지 시골길이라 슈퍼마켓이나 먹을 것 파는 곳을 찾을 수가 없었다. 그런데 복숭아 과수원이 보이면서 길옆에 '복숭아를 판다'는 안내문이 보였다. 우리는 두말없이 그곳으로 발걸음을 옮겼다. 점심시간을 앞두고 시장기도 느껴져 1만 원을 주자 주인은 5kg짜리 한 상자를 주었다.

원래 2만 원에 파는 것을 절반만 받고 주는 것이었다. 주인 아주머니는 우리 꼴을 보면서 '돈을 받아도 될지 모르겠다'면서 오히려 미안하게 여기면서 주었다. 김 교수는 익숙한 솜씨로 과일을 깎아 내 입에 넣어주었다. 먹는 동안 그는 다시 한 개를 깎아 김 기자에게도 건넸다. 내가 한 개를 모두 먹을 즈음 그도 한 개를 깎아 입에 넣고 있었다. 복숭아는 평소보다 엄청 맛있게 느껴졌다.

각자 두 개씩 봉숭아를 먹고도 남은 10여 개의 복숭아는 의성에서 기다리고 있을 아내에게 주려고 가방에 넣었다. 주인 아주머니에게 우리는 고맙다는 인사를 하고는 다시 10분 이상 걷자 조문국 유적지 안내소가 나왔다. 팔각정에는 시원한 커피를 파는 행상차량이 있어 냉커피 세 잔을 주문했다. 주인도 우리들의 행색을 보고는 아예 끝다리 잔돈은 받지도 않았고, 팔고 있던 과자류를 쟁반에 담아 주기도 했다.

팔각정에 앉아 시원한 냉커피를 홀짝거리면서 과자도 먹게 되자 졸음이 저절로 밀려왔다. 여름 휴가철을 즐기기 위해 조문국에 왔던 가족 단위의 일행이 우리를 쳐다보면서 좀 이상한 눈치를 보였다. 김 교수께서 일어나 그분들께 "저분은 팔다리 가운데 왼쪽 다리만 있는 사람인데 서울에서~"라고 설명하자 그제서야 이해가 되었다는 표정을 지었다. 만보기를 보자 이미 12km 넘기고 있었다. 30리를 걸어왔던 것이다.

김 교수는 '이왕 커피를 먹는 김에 한 잔 더 하자'면서 행상 차량으로 가서 냉커피를 한 잔 더 주문하는 것 같았다. 그러자 이번에 그 커피장사 아주머니가 돈을 받지 않는 것 같았다. 돈을 주자 다시 내미는 등 밀당하는 모습이 어렴풋이 보였다. 돌아온 그는 "전국 종주를 시작한 장애인 박사를 위해 커피라도 한 잔 더 대접하겠다"면서 밀고 당기다가 '고맙게 생각하면서 가져왔다'는 것이다. 덕분에 냉커피 한 잔을 추가로 비웠다.

조문국 스토리

우리는 언덕 위에 서서 멀리 펼쳐져 있는 조문국의 유적을 바라보았다. 건너편 쪽에는 조문국 박물관도 웅장한 모습이다. 대구 등지에서도 사실 조문국을 아직도 모르는 사람들이 많다. 조문국(召文國)은 고대 의성지역에 있었던 초기 국가 형태(읍락국가)의 작은 나라였다.

삼국사기의 기록을 살펴보면 '벌휴왕 2년(185)에 사로국(신라)이 조문국을 공격하였다'는 내용이 나온다. 이 공격으로 조문국이 멸망하였는지는 정확하게 알 수 없으나 유적을 통해 추론되는 것은 서기 185년까지 조문국이 존재하였다는 것을 알 수 있다. 의성군 금성산 고분군(경북도 기념물 제128호)이 위치해 있는 금성면 일대가 조문국 터전임을 발굴 유적을 통해 알 수 있다.

일대 고분은 1960년대부터 발굴이 이루어져 수많은 유물들이 쏟아져 나왔다. 조우형 금동관을 비롯하여 금동관모, 은제관 장식, 환두대도, 금동귀걸이, 의성양식 토기 등 다양한 유물들이 출토되었다. 이들 유물들은 대부분 5~6세기에 만들어진 유물들로 조문국의 후예들이 만든 것으로 추정된다.

화려하고 독창적인 문화를 만들었던 조문국의 옛 터전인 의성 금성산 고분군과 출토된 유물이 전시되어 있는 '조문국 박물관'을 찾아보면 조문국의 찬란했던 문화를 느껴 볼 수 있다. 고대 국가인 조문국의 주요 지역에서 나온 유물은 모두 박물관에 잘 보존되어 있다.

박물관 분포하는 374기의 고분에서 다양한 관련 유물들이 출토되었다. 조문국 박물관은 조문국 역사와 더불어 옛 시절의 의성인들의 발자취를 전시물을 통해 보고 느낄 수 있는 곳으로서 의성의 문화유산을 보존·전시하고, 학술조사 연구와 문화 교육을 수행하고 있다.

박물관은 의성 문화유산의 보고이자 역사 문화 도시의 중추적 역할을 하는 문화기반시설이다. 의성 금성면 고분군 인근에 위치한 박물관은 주변 금성산의 수려한 경관과 조화를 이루면서, 미려하고 현대적인 감각의 외관을 갖춘 건축물로 지상 3층 지하 1층 규모에 상설전시실, 열린수장고, 세미나실, 165석 강당을 비롯 야외전시장을 갖춘 복합문화공간이다.

야외전시장 주변에는 1만여 평의 작약꽃이 심어져 봄이 되면 사진 촬영을 하려는 사람들이 몰려 온다고 한다. 그곳의 핵심은 유물이 출토되었던 대형 고분이 잘 보존하여 가꾸어져 있다. 고분 사이로 아이들을 데리고 가족 단위의 사람들이 거닐고 있는 모습이 눈에 들어온다. 아마도 신라에 복속된 조문국의 후손으로도 여겨진다.

문익점 목화 재배

조문국에서 걸음을 금성면으로 옮기면서 눈에 들어오는 기념비가 한 개 나왔다. 금성면 대리리 금성산 조문국 유적지와 가까운 도로변에는 '문익점의 목화 재배지 기념비'가 보인다. 소나무 사이로 보이는 기념비는 1935년에 세워진 오래된 기념비다. 그 유적비는 거의 90년이 되었다.

문익점(文益漸, 1329~1398)은 고려 말의 문신으로 1363년(공민왕 12) 원나라에 사신으로 갔다가 귀국할 때 수행 책임자인 김룡(金龍)을 시켜 목화 종자 몇 송이를 딴 후 그 씨앗을 붓대롱 속에 넣어 가지고 돌아왔다고 한다. 장인 정천익(鄭天益)과 함께 시험 재배를 하였는데 처음에는 재배 기술을 몰라 겨우 한 그루만을 살릴 수 있었으나 3년간의 노력 끝에 드디어 성공한 뒤 이후 전국에 목화씨가 퍼지도록 하였다.

문익점의 손자 문승로가 의성 현령으로 왔을 때, 그는 '의성군의 지세가 중국의 금주성과 흡사하다'면서 현 의성군 금성면 제오리 일대에 목화씨를 뿌리도록 하였다고 한다. 이를 계기로 의성에 목화씨가 크게 확대되어 주요 전문농사가 되었다. 이처럼 문익점의 자손이 의성 땅에 목화 재배를 시작한 경위에 따라 목화를 처음 원나라에서 수입해 온 조상의 공적을 기리고자 의성 목화 재배지에 탁암 김도화가 비문을 짓고 김희국이 글씨를 쓴 문익점 목면 유전비를 세웠다.

비석에는 '충선공 부민 후 강성군 삼우당 문익점 선생(忠宣公富民侯江城君三憂堂文益漸先生)'이라고 종서로 쓰여 있고, 기단에는 '면작기념(棉作記念)'이라 횡서로 쓰여 있다.

이날 더위 속에도 금성산에서 내리막길을 한참 가다가 큰 도로에서 좌측으로 금성면 행정복지센터 쪽으로 가는 도로가 나왔다. 정오를 넘겨 오후 1시에 다다랐으나 조문국 행상으로부터 과자류를 얻어먹고 냉커피도 마셨기에 허기는 면할 수 있었다. 한참 후 금성면 행정복지센터에 도착하여 열린 사무실로 들어가자 당직을 서는 직원 한 분이 보였다. 당초보다 4km를 더 걸어서 모두 14km, 35리를 걸었다.

34도의 한여름 더위에도 불구하고 이처럼 걸을 수 있었던 것은 김 기자와 김 교수 등 두 사람이 함께 걸어 주었기 때문에 가능한 것이었다. 이제 출발했던

의성군청 쪽으로 다시 되돌아가야 했다. 금성년에는 숙소가 될 곳이 없어 의성군청 옆에 얻어 둔 숙소로 되돌아 가야 하는 것이다. 그곳에서 아픈 아내는 우리가 다시 돌아오길 기다리고 있다.

당직 직원에게 금성에서 의성으로 가는 버스시간을 물어보자 시간표에 1시간 30분마다 한 대씩 차가 있다는 것. 우리는 너무 오래도록 기다릴 수가 없어 택시를 불렀고 20분 후에 택시가 행정복지센터 마당에 도착했다. 세 명은 시원하게 에어컨이 있는 택시에 올라 다시 의성읍 방향으로 돌아갔다.

돌아가는 차 안에서 차창을 통해 네 시간 이상이나 걸어왔던 산길을 살펴보면서 스스로 '왜 걸어야 했던가'를 생각해 보았다. 택시가 도착하자 요금이 2만 원 정도 나왔다. 우리를 환한 미소로 맞아 주는 식당 주인에게 인사하자 "아내 분이 이미 두 시간 이상 우리를 기다렸다"고 한다. 그래도 아내는 한마디 불평도 없었다. 늦은 식사가 더욱 맛있는 법이다. 두 분은 식사 후 오후 늦게 대구로 돌아갔다. 며칠 후 또 한 번 같이 걷기로 했다.

△ 8/10, 의성군청-금성면 행정복지센터, 14km, 1만 9375보

무더위와 생명의 전화

〈8월 11일, 일, 무더위〉

꿀맛 같은 단잠을 자고 새벽에 일찍 일어나 나갈 채비를 하였다. 몸은 천근같지만 오늘은 '생명의 전화'에서 오는 자원봉사팀이 금성면 행정복지센터에서 다음 코스까지 함께 걸어 주기로 하여 가볍게 발걸음을 떼었다. 아침 일찍 식사를 마친 뒤 이제 정이 들었던 식당 주인과도 헤어져야 했다. 이틀 동안 다섯 끼니를 그들 부부가 만들어 주는 음식을 먹었다.

어쩌면 첫날 밥값을 받지 않으려는 주인 부부의 정감 어린 마음을 잊을 수 없어 하루 더 그곳에 머물렀다. 첫날 가장 밥값이 많이 나왔는데 이틀 후 우리 부부와 김 기자, 김 교수까지 합하여 팔아 주는 양이 조금 늘어났다. 그래서 마음의 빚을 갚는 것 같아 다행스러웠다. 우리 부부는 아쉬운 마음으로 아침을 먹고, 헤어지는 인사만 10분 이상 걸렸다. 그들 부부는 "꼭 다시 들러 달라"는 주문을 여러 번 되풀이하였다.

우리 부부는 의성군청 소재지 버스터미널로 걸어가서 금성면으로 가는 아침 버스에 올랐다. 일요일인데도 곳곳에서 사람들이 타고 내렸다. 30분 만에 행정복지센터 앞에 우리들을 내려 주었다. 아침 9시에 '생명의 전화' 상담봉사원들과 만나기로 했는데, 이미 그분들은 30분이나 일찍 행정복지센터 마당에 도착해 있었다.

'대구 생명의 전화' 정수환 이사님과 변태옥, 신경진, 박영신 봉사회원들이 환하게 우리 부부를 맞아 주었다. 아내는 봉사자들과 만나는 것을 보고는 다음에 오는 버스를 타고 우보면 행정복지센터에 내려서 우리 일행을 기다리기로 하였다. 먼저 가서 식당을 알아보고 예약을 해두려는 것이었다. 정각 9시에 우리가 출발하는 모습을 아내는 표정 없이 묵묵히 바라만 보았다.

아침부터 조금 무더웠다. 나는 아내에게 '그늘에서 좀 쉬라'고 한 뒤 일행들과 출발했다. 조금 걸어가자 금방 소재지에서 벗어나 외곽지의 농협창고 건물이 나타났다. 그렇게 약간 오르막을 올라 다시 큰 도로와 마주하였다. 우리는 한 시간 정도를 걸어서 마당이 넓은 식당 앞에서 잠시 쉬었다가 가기로 했다.

오전인데도 무더위로 땀은 콩죽같이 흘러내렸다. 함께 걸음을 걷기 시작하면서 온갖 질문을 던지면서 즐거운 마음으로 출발했던 생명의 전화 상담봉사자들도 각자 말없이 휴식을 취했다. 그분들은 평소에도 등산을 가거나 트레킹을 곧잘 하는데, 오늘처럼 한더위에 무더운 날씨에는 견딜 수 없다는 표정이었다.

나도 다리가 자꾸 점점 더 아파 왔다. 의족을 한 우측 다리는 충혈되다 못해 고통으로 달아올랐다. 문경새재를 넘고 안동에서 의성까지 오는 열흘 동안의 일정에 무리가 있었던 것 같았다. 어제와 같이 오늘도 의성에서 대구 방향의 도로는 확장·포장하면서 곳곳이 파헤쳐져 있어서 한쪽으로만 걸어야 했다. 두 번째 휴식은 정자가 보이기에 그곳에서 쉬었다 가기로 했다.

정자에는 그늘이 있었으나 오전 11시의 태양은 한낮의 더위를 방불케 하였다. 휴식한 지 10분이 지났으나 일행들은 '여름 초기에는 비가 잦았다가 늦더위가 몰려오면서 너무나 덥다'면서 '좀 더 쉬었다 가자'고 했다. '등산으로 다진 체력이라 걷는 데는 자신이 있다'던 그분들도 더위에는 이길 장사가 없었다. 나는 장시간 쉬면서 생명의 전화가 하는 사회적 역할에 대해 물어 보았다.

생명의 전화 상담 봉사단

'생명의 전화'란 무엇인가?

'생명의 전화'는 국제적인 봉사기구로부터 1976년 승인를 받아 서울에 사회복지법인 한국 생명의 전화 본부를 두게 되었다. 상담은 서울뿐만 아니라 각 지역 단위로 자원봉사 조직을 운영, 365일 하루 24시간 상담전화를 받는다.

생명의 전화 세계 본부는 1963년 호주에서 알렌 워커(Alan Walker) 목사가 설립한 국제기구다. 우리나라는 1976년 9월, 국내 최초로 전화상담기관으로 365일 24시간 상담체제를 갖춘 봉사조직으로 출범했다.

'생명의 전화 대구센터'도 1985년 3월, 당시 영남대학병원 정성덕 병원장이 앞장서서 설립했다. 벌서 40년이 되었다. 무료상담봉사를 하고자 하는 봉사자들을 대상으로 1차 30명을 모집하여 3개월 동안의 이론 교육과 3개월 동안 실습을 통해 상담봉사자를 길러내기 시작했다. 대구시 중구 남산동에 있는 상담원에는 2대에 24시간 전화상담을 받으려면 전문상담원 20명 이상이 교대로 상담봉사를 하고 있다. 이렇게 길러진 전문상담자는 지금껏 1천여 명에 이르고 있다.

24시간 상담시간 중에 전화가 가장 많이 걸려 오는 시간은 오후 6시부터 새벽 2시까지로 전화 두 대에 끊임없이 걸려 오는 전화로 상담원들은 쉴 틈이 없다고 한다. 밤에 잠을 이루지 못하고 죽음까지 생각하다가 고민하던 내담자들이 전화를 걸게 되고, 상담자들은 듣고 적당한 응답을 해주게 된다. 그래서 생명의 전화를 두고 'SOS 1588-9191'이라고도 한다는 것이다.

이같이 '사람을 섬기고 생명의 문제를 다루는' 대구 생명의 전화 전문 상담원들이 함께 걷고 있는 것이다. 그들은 '매일신문을 통해 서울에서 경북을 거쳐 대구까지 천리길을 걷고 있다는 것을 알게 되어 오늘 참여하게 됐다'는 것이다. 그분 가운데 변태옥 (계명대 심리학과 만학도, 사회복지 복수전공) 씨는 "봄·가을에도 걸을 수도 있을 텐데, 왜 이렇게 한여름에 죽을 수도 있는 종주길을 걷느냐"고 물었다.

효과적인 질문이었다. 나는 "대학에서 아이들을 가르치고 있기 때문에 여름방학이 아니고는 이렇게 한 달 이상 긴 시간을 낼 수가 없다"고 말해주자 모두들 고개를 끄덕였다. 그렇다. 나에게 주어진 여름방학은 정말 꿀맛이다. 맘껏 쉴 수도 있는 시간이지만 서울에서 떠난 400km 천리길은 자신과의 끈질긴 싸움으로 여겨졌다.

아내가 맡아 놓은 식당으로 자리를 옮겼다. 생명의 전화 대구센터에서 온 다섯 명의 상담자들에게 '오늘은 너무 더워서 이 정도에서 마치도록 했으면 좋겠다'는 의견을 구했다. 모두들 동의와 재청의 눈치였다. 나도 며칠 동안 무리를 하는 바람에 다리가 많이 부었고 아내의 건강도 염려가 되었다. 모두들 무더위에 지쳤지만 4시간 이상을 함께하면서 마음의 저장소에 '사랑'이라는 단어를 기억해 두었다.

생명의 전화 상담원들과 아쉬운 작별을 하였다. 모두들 윗도리가 축축하게 땀으로 젖었지만 마음은 가벼운 것 같았다. 잠시 동안 작

별의 이야기를 나누는 동안 아내는 그늘에 축 늘어져 있었다. 측은해 보였다. 모두들 대구로 떠나고 우리도 일단 경산집으로 들어가 아내의 건강을 추스르기로 했다.

군위 우보면에서 경산집까지 50분 만에 도착했다. 자동차의 뒤 트렁크를 열고 주섬주섬 짐을 내렸다. 25일 만에 매일 숙소로 정했던 여관에서 처음으로 집으로 돌아왔다. 내일부터는 아내를 집에 두고 오늘 멈추었던 그곳으로 다시 돌아가 날마다 새로운 곳으로 떠나야만 했다. 다른 생각이나 방법을 구상할 겨를이 없었다. 집에서는 깊은 수면을 할 수 있었다.

△ 8/11, 의성 금성면 행정복지센터-군위 우보면 행정복지센터, 10km, 1만 4024보

먼 길도 함께라면

⟨8월 12일, 월, 오늘도 쨍쨍⟩

집에서 15시간 이상을 푹 자고 쉬면서 새 힘을 얻었다. 오늘도 아침 일찍 '나드리 택시'를 불러 군위 우보면 행정복지센터 앞으로 달려갔다. 어제 멈춘 곳이다. 그곳에는 아침 일찍 달려온 구세주 같은 서보균 소장과 조향진 숲 해설사, 세자 최은수가 합류를 기다리고 있다. 오늘은 좀 더 걸어야겠다는 용기가 생겼다.

우보면 행정복지센터에서 오전 9시에 출발하기 전에 하나로마트에 들러 필요한 물품을 샀다. 아이스크림과 커피, 물을 챙기면서 반바지 아래 다리 피부가 태양에 벗겨지는 것을 보호하기 위해 발 토시를 두 켤레 골랐다. 그동안 햇볕에 노출된 다리를 보호하는 데 발토시가 아주 유용했다. 처음에는 반바지 밖으로 나온 다리가 햇빛에 그을리는 줄도 모르고 걸어 내려왔지만, 발토시를 착용하자 시원하게 느껴졌다. 진작 토시를 왜 신지 않았는지 나를 원망했다.

그렇게 출발하여 조금 가다가 지나가던 그 지역 어르신이 '차 한잔 하고 가라'며 말을 붙여 주셨다. 모두 그 어른을 따라 창고 건물 옆 조그만 사무실로 들어갔다. 사무실에 비치된 책이랑 사진을 보니 지역 유림에서 지도자 역할을 하시는 분으로 생각되었다.

차와 비스킷을 대접받고 가벼운 마음으로 다시 출발했다. 작은 시냇가 다리를 건너 어제 걸었던 길과 마주쳤다. 노변에는 일제강점기 때의 적산가옥 건물도 보였다. 길을 가다가 갈래길을 만났다. 망설임 없이 우측 길로 접어 들었다. 우리는 항상 길 선택에는 젬병이었다. 아무래도 둘러가는 길로 보였다. 또 틀렸다.

다시 갈래길이 나와서 좌측 길로 들어가자 대추 조형물이 나왔고, 인도는 아주 좋아 보였다. 인도를 중심으로 양쪽으로 벚나무들이 이어져 있고 그늘 길이라 걷기가 좋은 구간이었다. 다리를 지나 한참 공사 중인 현장을 지나 우리는 정자에서 두 번째로 쉬었다.

조향진 숲 해설사와 서보균 소장

우리는 잠시 쉬다가 길을 재촉해 삼국유사테마파크를 지나 오르막을 오르고 있었다. 동료들은 먼저 올라가고 있었고, 나는 벤치에 잠시 앉아 쉬다가 다시 출발하였다. 그때 오토바이를 탄 우체부가 내게 다가오더니 본인이 먹으려고 꽁꽁 얼린 생수병을 말없이 나에게 건네주었다. 고마웠다. 아마도 조금 전에 우리 곁을 오토바이로 지나가던 분이었다. 두 팔도 없는 사람이 휘청거리면서 걷는 내 모습을 이상하게 보았던 것 같았다.

하나님 보시기에도 내 모습이 그러실 것 같았다. 지금 젊은 우체부 아저씨가 바로 하나님 같은 분이다. 내 목마름을 기가 막히게 알아맞히고 그렇게 자기가 먹을 생수 한 병을 내게 주신 것이다. 감사하다는 말이 저절로 나왔다. 나도 오토바이 탄 우체부가 더워 보였다. 멀리 떠나면서 손을 흔들어 주셨다.

화본역과 리틀 포레스트

멀리 화본역이 보였다. 군위군 우보면 소재지에 있는 간이역에 설치된 오래된 급수탑도 아직 우뚝 솟아 있다. 증기기관차가 철로에 다니던 시절에 사용되던 대형 급수탑이다. 높이가 무려 25m가 되었고, 너비도 4m 정도였다. 그곳에는 1899년부터 1967년까지 사용되던 증기열차에 물을 공급하기 위해 만든 급수 저장용 탱크라고 적혀 있었다. 백 년이 넘은 시설이다.

그러나 1950년부터 국내에도 디젤기관차가 운행되면서 속도가 느린 증기기관차가 멈추게 되자 이후 용도 폐기된 시설이다. 이 화본역은 영화에도 나온 곳이다. '리틀 포레스트'라는 영화가 이곳을 배경으로 찍었고, 주인공이 살던 '혜원의 집'은 지금도 그대로 보존되어 있다.

그 영화는 성장만화를 바탕으로 시나리오가 만들어져 2017년 한 해 동안 촬영되어 그 다음해에 개봉되었다. 공무원 시험과 연애, 취업 등 뭐 하나 뜻대로 되지 않는 일상을 잠시 멈추고 고향으로 돌아온 혜원은 오랜 친구인 재하와 은숙을 우연히 만난다.

직접 만든 음식을 통해 과거의 기억과 상처를 치유해 나간 혜원은 '새로운 봄을 맞이하기 위한 첫발을 내딛는다'. 영화 장면이 고스란히 살아 있는 촬영 장소다.

일본의 만화 '리틀 포레스트'를 영화로 만들어 개봉하자 단숨에

150만 명의 관객을 모은 청춘영화가 된 것이다. 거의 독립영화 수준으로 만든 영화가 젊은이들에게 인기를 끌게 되자 영화의 배경이 됐던 화본역과 '혜원의 집'은 핫플레이스가 되었다.

우리는 우보면을 벗어나면서 속도를 올려 부지런히 걸었다. 네 명이 경쟁이라도 하듯이 산성면 행정복지센터까지 다다랐으나 이미 점심시간을 한참 지나 있었다. 거의 40리 길을 걸었다. 서울에서 걸어 내려오면서 제대로 점심을 맞추어 먹어 본 기억이 없기 때문에 이젠 당연하게 느껴졌다. 산성면 행정복지센터에서 도착한 기념으로 다시 사진을 찍은 뒤 밥 먹을 곳을 찾아보았지만 쉽사리 눈에 들어오지 않았다.

그러다가 찾은 곳이 한식뷔페 식당이었다. 시골밥상이라 온갖 나물

영화 '리틀 포레스트'의 핫플레이스인 '혜원의 집'

이 나와 맛이 있었다. 거의 점심시간이 끝나 갈 시간이라 시장기가 큰 반찬이었다. 우리 넷은 식당에 남은 반찬그릇을 모조리 비워버릴 것 같은 태세를 보였고, 계산대에 앉아 있던 주인이 빙그레 웃고 있었다. 식당 주인은 맛있게 먹는 우리가 보기 좋은 것 같았다.

식당을 나와 간이 버스정류장에서 우보면으로 가는 버스를 기다리는데 그곳에 에어컨이 설치되어 있었다. 시골 정거장에 어울리지 않을 것 같은 에어컨 시설이었다. 버스가 언제 올지도 몰랐기에 다시 택시를 불러 우리가 왔던 우보면 행정복지센터까지 다시 되돌아갔다. 날마다 복귀였다. 그곳에는 서보균 소장이 아침 일찍 타고 온 승용차가 있기에 그걸 타고 제대로 가보지 못한 화본역과 군위 리틀 포레스트 촬영지 일대를 둘러보았다.

나는 다리가 아파 꼼짝할 수가 없었다. 그래서 차에서 내려 벤치에 앉아 쉴 수밖에 없었다. 동행했던 셋은 화본역 뒤에 있는 '산성카페'도 둘러보는 등 '동네 한 바퀴'를 신나게 돌아보는 것 같았다. 나는 그곳에 장사를 하는 할머니와 질의응답을 나누었다.

할머니는 "이 더운 날, 무엇이 생긴다고 서울에서 여기까지 천리길을 오느냐" 질문했다. 나는 '대구·경북의 통합과 장애인 복지를 위해 걷는다'고 했다. 그리 설명해도 할머니는 요지부동이었다. 도저히 이해시켜 드리지 못할 것 같았다.

△ 8/12, 군위 우보면 행정복지센터-산성면 행정복지센터, 15km,
   1만 9957보

한계를 넘어 힘껏 일어나야

⟨8월 13일, 화, 아직도 폭염이⟩

의성군에 들어선 뒤 며칠 동안은 모두 행정복지센터가 걸음걸이의 목표가 되었다. 어제 오후에 집으로 돌아와 다시 하룻밤을 자고서 이른 시간에 산성면 행정복지센터에 도착해야만 했다. 오늘도 아침 9시는 출발시간이었다. 이날 **이상정 경산시 공원녹지과장**이 하루 동안 같이 걷기로 했다.

우리 집으로 아침 일찍 온 이 과장의 차를 타고 목적지로 출발했다. 산성면 행정복지센터에 차를 세워 두고 두 사람은 길을 나섰다. 아내의 건강이 너무나 나빠져 집으로 일단 철수한 뒤 오늘은 사흘째가 되는 날이다. 천천히 걸었으나 점점 걷는 것이 힘들어졌다. 다리는 첫발을 뗄 때마다 너무 아파서 힘들었고 허리도 쑤시고 저리는 고통이 일어났다. 너무 아팠다.

경산시 이상정 공원녹지과장

하지만 조금 버티다 보면 그 분위기에 적응이 될 것이란 확신이 있었다. 처음 무조건 10분 이상은 걸어야 한다. 처음에는 아프다가 그것에 중독이 되면 걸음은 오히려 빨라진다는 것을 이미 터득을 했기에 고통을 참아내는 방식이다. 이 과장에게 "같이 걸 생각을 하지 말고, 먼저 차량으로 1km를 이동하여 앞쪽에 차를 세워두고 나에게로 걸어와 다시 차가 있는 곳까지 함께 가는 방식"이라고 일렀다. 나는 이 과장이 내 쪽으로 조금이라도 덜 오게 하려고 더욱 열심히 걸어갔다.

그리고 4km나 50분 정도 걸으면 쉬는 방식을 선택했다. 다리가 보이면 그 아래 밑으로 들어가 잠시라도 그늘에서 쉬었다. 그러나 절대 눕지 않는다. 눕는 순간 더 이상 걸을 수 없다는 것을 누구나 명확하게 알기 때문이다. 다시 걷다가 콩국수 파는 집이 나오면 시원한 냉콩국수를 한 그릇 사먹기도 했다. 그렇게 세 번을 쉬는 동안 목적지까지 다다랐다.

다리는 이미 마비되어 고통을 느낄 수 없을 지경이 되었다. 오늘은 완전히 고통을 고통으로, 통증을 덮어 버리는 방식이 성공적이었다. 남은 사흘 동안을 어떻게 견디어 낼 것인가를 생각하면 아득하다. 그래서 나는 길을 애써 확인하려고도 하지 않는다. 가는 길을 잘 모르는 것이 오히려 편하다. 모르면 고통을 참아내기도 쉽다.

오후 1시가 되어 점심을 먹고 들어오는 신녕면 행정복지센터 산업계장님을 만나게 됐다. 그분은 누군가 가져다놓은 맛있는 복숭아를 주었다. 굉장히 큰 복숭아였다. 한입 베어 물고 목구멍에 다 넘기기도 전에 또다시 한입 베어 물었다. 아마도 다섯 번 입을 벌려 그 큰 복숭아를 해치워 버렸다. 먹여 주던 산업계장은 신기한 듯이 쳐다보았다. 그제서야 눈이 옆에 있는 이 과장이 보였다. "저 사람에게도 한 개 주이소." 큰 선심을 썼다.

이같이 맛있는 복숭아는 이미 며칠 전에 먹어 보았다. 의성군청에서 금성면 행정복지센터까지 오는 길에도 태양이 이글거리는 날은 갈증과 목마름이 한껏 고조되었다. 의성 조문국 언덕배기 길을 오르던 길 옆에 있던 복숭아 농원에서 팔고 있는 황도를 깎아 먹어 본 기억이 고스란히 남아 있기 때문이었다. 그날 먹은 황도는 지금껏 어디에서도 먹어보지 못한 천상의 맛이었고, 오늘 먹어본 영천 신녕면 행정복지센터에서 먹은 복숭아 맛도 그러했다.

이제 의성의 경계선을 벗어나 영천으로 들어왔다. 의성에서 보면 영천 신녕면은 남동쪽의 끝 부분이고, 영천에서 보면 북쪽 끝에 있은 것이 신녕으로 가장 먼 곳이다. 이 과장과 늦은 점심을 먹고, 승용차 뒷좌석에 눕듯이 앉았다. 의족을 뺀 한쪽 대퇴부는 의자에 걸치고, 남은 한쪽 다리는 쭉 뻗어 보았다.

이렇게 편할 수가 없다. 내일은 영천에서 경산으로 건너갈 수 있는 거리다. 남은 사흘 동안은 몸을 굴려가도 경산까지 들어갈 수 있을 것 같았다. 그러나 마음뿐이다. 다리에서 나타나는 마비현상은 허리를 타고 어깨까지 결리는 것 같았다. 이러다가 진짜 병신이 되는 것은 아닌가 잠시 고민해 보았다. 이미 후천적인 중증 장애인이 되어 그것을 완전히 극복하는 데 39년이나 걸렸다.

△ 8/13, 군위 산성면 행정복지센터-영천 신녕면 행정복지센터, 16km(총 21km), 2만 1539보

영천에서 경계를 넘어 경산으로

〈8월 14일, 수, 더위가 왜 이래〉

오늘은 영천 신녕면에서 청통면, 그리고 와촌면, 대구대 삼거리까지 걷기로 했다. 신준혁이 아침에 우리 집으로 왔다. 나와 함께 하루를 걷기로 했다. 집에서 30분 만에 영천군 신녕면 행정복지센터까지 갔다. 그리고 다시 출발했다. 조금 후 신녕면장에게 전화가 왔다. "출발하는 모습을 뵙고 싶었는데, 못 뵈어서 죄송하다"는 것.

'알아야 면장도 될 수 있다'는 말이 있듯이 시골 면장도 아무나 하는 게 아니다. 공무원 9급에서 30년을 하고서도 사무관으로 승진하지 못해 행정복지센터 산업계장이나 부면장으로 근무하다가 퇴직하는 경우도 많다. 면장은 정말 아무나 하는 게 아니다. 나는 한 달을 걸으면서 많은 행정복지센터를 들렀다. 아예 센터에서 출발하여 최종 쉬는 것은 센터로 정하기도 했다.

40년 동안 가져왔던 공직자의 이미지가 이번 서울에서 경산까지 오면서 완전히 바뀌었다. 가는 곳마다 거의 모두들 반갑게 맞아 주었고, 생수와 비스킷을 나누는 등 그들이 할 수 있는 최대한의 서비스를 받았다. 그 더운 여름철 삼복더위에 만약 각 지역의 행정복지센터가 없었다면 나는 결정적인 순간에 어려움을 겪었을 것이다. 시골지역 공직자의 태도와 몸에 밴 친절과 도움은 나에게 절대적인 공헌이었다.

신녕면을 출발하여 청통면 행정복지센터에 들렀다. 그곳에 들르자 나를 알아보는 공무원이 계셨다. 그는 자양강장제를 들고 나와서 병뚜껑을 따고 마시게 해주었다. '날씨가 무덥다'며 본인이 사용하던 손 선풍기마저 나에게 건네 주면서 '좀 더 쉬었다 가라'고 붙잡는다. 그런데 더 쉬어 버리면 주저앉아 일어나지도 못할 것 같아서 10분 더 이상 머무르지 않고 일어나 걸었다.

무더위로 당초 영천시 청통까지만 걸어오려고 했는데, 오기가 생겼다. 넘어지더라도 영천을 벗어나 경산으로 들어가고 싶어졌다. 얼마 지나지 않아 '와촌면'이라는 이정표가 나왔다. 오늘 하루 동안 이를 악물고 무려 60리 길을 걸어 영천을 벗어나 경산으로 곧장 들어와 버렸다. 너무나 반가웠다. 이제 다 되어가는구나. 서울에서 지루한 충청도를 넘어 경북에 들어왔을 때의 기쁨이었다.

서울에서 길도 모르는 경기도를 거쳐 황량한 충청도에서 헤매다가 괴산을 넘어 문경에 들어설 때의 그 기쁨을 다시 맛보는 하루였다. 문경시장의 마중과 경북도청에서 이철우 도지사의 격려와 환영인 파는 잊을 수가 없었다. 문경에서 안동을 거쳐 의성군청을 돌파하여 팔공산 뒤쪽인 군위를 돌아돌아 영천지역을 하루 만에 주파한 것이다.

경산시 와촌면에 도착하자 점심시간이 거의 끝나 갈 시간이었다. 좀 쉬고 있는데 면장이 도착해서 나를 알아보고는 서로 이야기를 나누었다. 행정복지센터 입구에 있는 LED전광판에 '이범식 박사, 전국 종주' 관련 문구를 마음으로 새겨 주었다. 그래 그것을 마음에 새겨두고, 내 마음에다 저장해 두자. 돈 들이지 않고 천리길 종주길을 이렇게라도 위로해 주는 것에 마음이 먹먹해졌다.

급하게 점심을 와촌에서 먹고 아픈 것도 잊어버린 채 다시 대구대학교 삼거리 쪽을 바라보았다. 최소한 와촌까지는 걸어와서 마치는 것이 어제까지의 계획이었으나 대구대 삼거리까지 걷기로 했다. 한 더위 오후의 열기는 뜨겁다 못해 목구멍을 막는 것 같았다. 와촌에서 하양까지의 구간은 평소에도 차량 통행이 많은 도로다. 게다가 경산지식산업지구가 생기면서 대형차량이 많아져 참으로 통행량이 두 배 이상 많아진 것 같다.

와촌IC로 인해 와촌면은 나들목 구실을 하는 것 같았다. 더구나 군위 방면으로 도로가 확장되어 팔공산 뒤쪽으로도 통행량이 엄청 늘어났다. 나는 조심스럽게 인도를 따라 걷고 신준혁은 자동차를 나보다 앞서 가져다 놓고 나를 기다리는 형국이 되었다. 오후의 열기는 아직도 한여름을 실감하게 된다. 서울에서 딱 한 달 만에 여기까지 내려왔다.

이미 우측 다리는 감각이 없어진 지 일주일이 넘었다. 지금은 힘으로 걷는 게 아니라 완전히 정신력으로 걸어가는 것이다. 하양으로 접어들자 금방이라도 대구대 삼거리가 나올 것 같았다. 내일과 모레 경산으로 여유 있게 걸어서 최종적으로 도착하려면 오늘 많이 걸어 두어야 한다는 강박관념이 생긴 것 같았다.

우측에는 대구가톨릭대학교가 보였다. 하양읍내 시가지를 통해 하양역 건널목을 지나자 지하도가 있는 좌측으로 90도를 꺾어서 걸어갔다. 마음과 몸은 앞서 나가고 있었으나 내 발걸음은 사실 공중에 붕붕 떠 다니는 것 같았다. 우측 다리가 아파서 상체가 지그재그로 뒤틀렸다. 뒤따라 오는 사람들이 나의 모습을 보면 어떤 생각이 들었을까. 거의 허수아비 같은 모습일까.

지하도를 통과하자 멀리 대구대 삼거리가 희미하게 보였다. 사람에게 목적과 목표가 있으면 이렇게 걸어가게 되어 있는 것 같다. 뒤돌아보지도 않고 오늘은 거의 60리를 걸어왔다. 영천 신녕면에서 청통면, 와촌면, 하양읍까지 모두 4개의 행정복지센터를 통과하면서 쉬어 왔지만 십 분 이상 머물지 않았다. 대구대 삼거리까지 도착하자 이미 종주길의 종국에 왔음을 실감나게 해주었다.

△ 8/14, 영천시 신녕면-경산시 와촌면-대구대 삼거리, 23km(총 444km), 2만 9866보

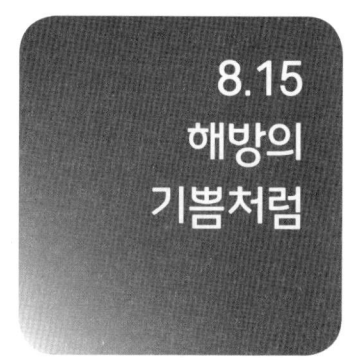

8.15
해방의
기쁨처럼

〈8월 15일, 목, 광복절 무더위〉

오늘 나와 함께 걸을 사람은 변함없이 나를 지지해 주는 김진만 기자와 김선완 교수다. 이미 김 기자와는 문경과 의성에서 며칠씩 함께 걸어 본 동지다. 대신대학교 앞에 있는 우리 집으로 나를 태우러 온 김 기자와 함께 글을 쓸 때 주로 계시는 영남대 뒤쪽 김 교수의 시골집으로 갔다.

그의 단독 건물에는 항상 365일, 높은 게양대에 태극기가 펄럭이고 있다고 한다. 좀 독특하다. 그는 이미 걸을 준비를 마친 채 저수지 주변을 거닐고 있었다. 집 앞 큰 저수지에는 연꽃이 가득차 있었다. 연꽃을 따라 이리저리 걷던 김 교수께서 우리가 오는 모습을 보고는 반갑게 손을 흔들었다. 오늘은 8.15기념이라 태극기도 더욱 힘차게 펄럭이며 우리를 반겼다.

셋은 정확히 아침 9시에 어제 멈춤 장소인 진량 대구대학교 삼거리에 도착했다. 인근 식당에 차를 세우고 우리는 부기리 삼거리에서 멀리 있는 대구대 건물을 바라보았다. 대학은 내 운명을 바꾸어 준 학문의 전당이다. 47세 되던 봄날, 나는 고교를 졸업한 뒤 27년이나 늦게 대학에 입학했다. 2011년 대구미래대학 사회복지과 야간 과정을 마친 뒤 잇따라 대구대학교 산업복지학과 3학년으로 편입, 아들과 같은 학생들과 같은 교실에서 공부를 하였다.

나는 책상이 필요없었다. 재학 중에는 가장 앞자리 의자에 앉아 왼쪽 발가락으로 노트북 자판기를 누르고, 마우스를 발바닥으로 굴려 교수의 강의를 기록하였다. 각 과목별로 찾아가는 교실마다 제일 앞자리에 앉아 공부하는 모습을 본 교수들은 격려를 아끼지 않으셨다. 처음 한 학기는 공부의 속도가 늦어 따라가기 힘들었지만 2학기부터 장학금은 모두 내 차지가 되었다. 4년 동안 과정을 마치면서 50세가 되던 해에 졸업을 했다.

대학원 진학을 두고 오랜 고민을 했다. 아내는 "생활벌이를 모두 책임지겠다"며, "오직 공부만 하라"고 닦달했다. 그동안 대학 공부를

대구대학교 삼거리

시켜준 것만도 고마운데, 또다시 석사과정을 하라는 것은 도저히 염치가 없었다. 아내는 엄마보다 무서운 학부형이었다. 자신이 어떻게 하든지 돈을 마련할 테니, '제발 하던 공부를 끝내라'는 것이었다.

공부의 끝이 어디인가? 나는 이미 대구공고를 졸업하면서 공부하는 것은 끝낸 줄 알았는데, 50대가 되어서도 '공부를 계속하라'는 독려는 그칠 줄을 몰랐다. 47세에 시작한 대학과 대학원의 공부는 57세가 되어 잠시 멈추게 되었다. 이제 세상에서 새로운 공부를 시작한 것이다. 대학에서 교수직으로, 세상의 각종 단체와 학교에서 강의를 통해 배운 공부를 전달하는 전도사 역할을 하고 있는 것이다.

그동안 대학을 마칠 동안 아내에게 모든 가정경제를 맡겼다. 또다시 오직 공부만을 위해 다시금 대학원 공부를 하라는 것이었다. 대학 졸업만 해도 나는 생각도 해보지 못한 기적 같은 일이었다. 그런데 졸업이 다가오니 만나는 학과 교수들마다 '이왕 공부하는 것이기에 석사라도 마치라는 것이 좋겠다'고 하였다. 마치 인사치레 정도로 들었다. 너는 공부할 능력은 있으니, 공부나 계속하라는 정도였다. 나는 어떤 때는 오기도 생겼지만 4년제 대학을 졸업하고, 다시 취업을 하고 싶었다.

20대 중반부터 독학으로 배운 컴퓨터도 조립하여 납품하거나 팔았다. 그러다가 다시 컴퓨터 웹호스팅 회사에 취업하여 손발을 가진 청년들과 경쟁하는 직장생활도 해봤다. 그러다가 컴퓨터 판매회사를 동업하여 차렸으나 실패하고, 다시 창업했으나 넘어지고 자빠지면서 부도까지 냈다. 경쟁의 세계는 냉혹하였다. 장애인이라고 절대 봐주지 않는 것이 현실이었다.

근근히 살아오면서 그래도 가정에 도움을 주는 가장 역할을 해왔다. 그러면서도 나와 같은 장애인을 위해 컴퓨터도 가르치고, 그들에게 낡은 컴퓨터를 수리하여 한 대씩 나누어 주었다. 그들을 나처럼 일어나도록 하는 것은 보람이었다. 그런 일을 내 사명처럼 여겼다. 그런데 대학을 공부하는 4년 동안 나는 그런 일을 완전히 잊어버렸다. 마치 공부가 직업이 된 것이다.

하지만 사회에 대해 조금씩 알아가면 갈수록 지식의 부족함을 통감했다. 내가 지금 할 수 있는 것이 무엇인가? 대학을 졸업하면 많은 것이 기다리고 있을 줄 알았는데, 세상은 빠르게 변한다는 것을 서서히 깨닫게 되었다. 더 이상 컴퓨터를 조립하고 파는 것은 생업에 도움이 안 된다는 것을 알게 됐다. 이제는 하드웨어 시대가 아니라 소프트웨어 시대가 되었다는 것을 깨닫는 데는 오랜 시간이 걸리지 않았다.

대학 졸업 후 2015년부터 대구대 대학원에서 석사학위를 취득하고, 2019년 '중도장애인의 외상 후 성장에 관한 연구'로 2021년 2월에 이학박사 학위를 받았다. 졸업과 동시에 문경대학 사회복지재활과 겸임교수로 직업재활과 관련한 과목을 강의하기 시작했다. 이듬해부터는 영남이공대학교 초청으로 겸임교수로 강의하면서 내적인 능력을 강화시키고 있다.

지난해부터는 모교인 대구대에서도 직업재활 분야에서 강의를 시작했다. 또한 한국장애인IT복지협회 회장과 한국장애인재활상담협회 이사, 법무부 교정위원 등으로 활동하면서 장애인 복지 향상을 위해 일하고 있다. 그를 위해 일하는 게 아니라 따지고 보면 나

를 위해 봉사하는 일이었다. 그분들을 통해 내가 누구인지 존재이유를 찾게 된 것이다.

진량 쪽으로 걷기 시작했다. 우리 배낭에도 각자 작은 태극기 한 개씩을 달았다. 그러고는 누가 먼저랄 것도 없이 한 줄로 앞서고 뒤따르며 걸었다. 국경일 휴일인데도 차량들이 많았다. 평소에도 산업도로로 이용되기에 복잡한 도로다. 자전거 길을 따라 걸으면서 김 교수는 계속 손을 흔들어 사람이 있다는 것을 알렸다. 어떤 때는 작은 태극기를 들고 가볍게 흔들기도 했다.

쭉 뻗은 도로에 처음으로 마주하는 봉회리 삼거리에는 높이 솟은 홍송 10여 그루가 숲을 이루고 있다. 홍송 아래쪽으로는 보라색 꽃을 피우는 맥문동이 가득 심겨 있었다. 우리는 처음으로 쉬어가는 장소로 정했다. 십 분 후, 우리는 진량산업단지로 쭉 뻗은 도로를 택하지 않고 매일우유가 있는 옛 도로 쪽으로 방향을 틀어 경부고속도로 경산휴게소가 있는 방향으로 걸음을 꺾었다.

약간의 오르막 도로가 나왔다. 도로 주변에는 대형트럭들이 줄지어 서 있었다. 그만큼 이쪽 도로에 차량의 수요가 줄었다는 증거였다. 차가 적게 다니기에 밤새 대형트럭들이 줄지어 있다가 아침에 다시 일터로 가는 운전자가 자신의 차가 있었던 곳에는 승용차를 세워 두고는 차를 몰고 일터로 나가는 것이다.

퇴근이 되면 이곳에 와서 자신의 차를 빼고는 다시 종일 함께 일했던 대형트럭을 세우고는 집으로 퇴근하는 것이 일상으로 되어 있을 것이다. 그런 차량들로 인해 도로를 따라 걷기가 어려워 좁은 인도로 올라가자 좌측에 매일유업이 변함없이 그곳에 있었다. 어느 슈퍼에 가서도 항상 만날 수 있는 '매일유업'은 다정한 친구와 같은 사이가 됐다. 슈퍼에 가서도 매일우유를 두고 다른 것을 사면 안 될 것은 같은 마음이다. 지역 농민들의 생산품이기 때문이다.

서포터즈
안재근
**경산시농협
농정단장**

이때 마침 농협 경산시지부 안재근 농정단장께서 우리를 멀리서 기다리다 아이스박스를 내려서는 얼음주머니와 아이스크림, 물수건 등을 내놓으셨다. 오늘 하루 동안 전국 종주에 나선 나를 돕기 위한 서포터즈의 역할을 하시기로 하셨다. 이게 웬 호사냐. 막바지 걷기에 이웃 농협에 근무하시는 안 단장께서 마음을 보태시게 됐다.

우리는 도로변에 텃밭을 잘 가꾸어 놓은 농촌주택의 그늘에 앉아 우선 수건으로 흠뻑 젖은 땀을 닦아냈다. 안 단장이 얼음상자에서 꺼내 준 포카리스웨트를 각자 한 병씩 모두 비웠다. 비운 것은 나의 목마름이지만 먹여 주는 이는 가져온 사람이다. 기운을 좀 차리게 되자 그는 냉기가 남아있는 물수건을 꺼내 땀을 닦아 주셨다. '이제 출발해야 한다'고 하자 그는 '미리 차를 몰아 대구컨트리클럽 앞쪽에서 기다리겠다'고 했다. 미리미리 도착 장소를 봐 두었다가 이동하는 곳에 나타나는 구세주 같은 역할이다.

그는 경산이 객지인데도 농협에 근무하면서 제2의 고향이 된 곳으로 생각하는 분이다. 매일신문의 김진만 기자가 쓴 동행기를 보고 함께 걷지는 못하더라도 이렇게라도 자신의 마음을 표현하고 싶었던 것이다. 우리는 그와 눈을 맞추면서 음료수를 주는 대로 마셨다. 더위로 인해 땀으로 수분이 많이 빠져나가기 때문에 사실 수시로 수분 공급이 필요한 실정이다.

좌측으로부터 안재근 단장, 김선완 교수, 경산시의회 권중석 의원, 이범식 박사 / 사진 김진만 기자

노희찬 삼일방직 회장님

경산휴게소가 위치한 경부고속도로 아래 굴다리 길을 지나 압량읍 행정복지센터를 통과하자 대구CC 쪽으로 방향을 틀었다. 노희찬 회장님이 운영하는 삼일방직으로 가기 위해서다. 그분은 내가 졸업한 대구공고 100주년 기념사업회 위원장이시다. 오는 4월 1일이 되면 대구공고는 설립된 지 100년이 된다. 이를 기념하는 각종 행사를 기념사업회가 정성껏 준비 중이다.

나도 동문의 한 사람으로서 노희찬 회장처럼 큰 성과를 낸 선배를 거울삼아 남은 인생을 살아보고 싶다. 올해 연세가 82세인데도 왕성한 체력을 가지신 분이다. 우리가 '사전에 방문하겠다'는 약속을 하지는 않았다. 그러나 걷는 길 주변에 큰 공장과 사무실이 있기에 잠시 방문하여 인사라도 드리고 가자면서 그쪽으로 방향을 잡았던 것이다. 다행히 계시면 직접 인사를 드리고 가는 것이고, 계시지 않으면 공장이라도 둘러보고 가자는 생각이었다.

좌측부터 김진만 매일신문 기자와 이범식 박사, 안재근 단장

우리는 진량면 선화리 대구컨트리 정문 가까이 이르자 미리 와서 대기하고 있던 안 단장께서 시원한 생수를 우리에게 건네주었다. 세 번째 휴식이었다. 아예 앉지도 않고 서서 생수 한 병을 비워 버렸다. 낮 12시쯤 금구리에 있는 권중석 경산시의원이 운영하는 농약방에서 만날 것을 약속하고서 서포터즈와 잠시 헤어졌다.

삼일방직으로 가는 길은 2차선, 왕복로 우측에는 올망졸망한 기업체가 많았다. 한참을 들어가자 진량면 가야리에 '삼일방직'이라는 간판이 나왔다. 먼저 회사 입간판 앞에서 혼자 먼저 찍었다. 마침 작업복을 입고 교대근무에서 나오는 직원이 우리를 보고 사진을 찍어 주었다. 수위실 직원에게 물어보자 '오늘은 휴일이라 노 회장께서 출근하지 않았다'고 했다. 우리는 회사 건물을 한번 살펴보고 가도 될지를 물어보자 흔쾌히 허락하셨다.

삼일방직의 공장 건물은 끝이 없었다. 5만 평의 땅에 지어진 2만 평의 섬유공장은 마치 병사들이 사열이라도 하는 듯이 줄지어 들어차 있었다. 우리는 공장 앞과 본사 건물 앞에서 사진을 남겼다. 고교 대선배께서 1972년에 대구 서구 비산동에서 창업한 삼일방직은 50년 동안 지속 가능한 성장을 이뤄냈다. 2017년부터는 미국 조지아주에 있는 현지 섬유 법인을 인수해 특수한 섬유를 생산한다는 소식을 언론을 통해 알게 됐다.

『명사만리(明絲萬里)』 책 소개

대한민국 섬유산업의 거목이신 노희찬 회장을 위해 지역 작가들 여러 명이 취재하여 쓴 '명사만리'(明絲萬里, 밝은 실로 세상을 본다)란 책을 나는 천천히 읽어 보았다. 한국 섬유의 외길 60년이 기록되어 있었다. '명사만리'를 통해 노 회장은 한 개인의 창업을 넘어 지역경제를 걱정하면서 평생을 살아오신 분이라는 것을 알게 됐다.

작가들의 추천사를 보면 '오늘 우리 사회는 어른이 없는 사회란 말을 들을 만큼 어른의 존재 가치가 무의미하게 비춰지고 있다.

일신의 안락을 위해 수단 방법을 가리지 않는 풍조가 지배하고 도덕의 타락이 물질의 성장 속도를 훨씬 앞지르지고 있다'며 '이를 바로잡거나 롤 모델이 되어야 할 어른의 모습은 찾기 어렵다. 그런데 노희찬 회장의 삶은 젊은이들에게 많은 것을 생각하게 해주리라 생각한다'고 했다.

나는 노희찬 회장의 생애를 접하면서 수많은 인물들과 인생 사이에 많은 공통점과 차이점이 있다는 것을 발견할 수 있었다. 저자 노 회장은 대구공고 방직과 출신으로 청년 시절 꿈꾸던 '섬유의 꿈'을 실현하였다. 그는 삼일방직 그룹의 연매출은 3,000억 원에 이른다. 미국 조지아주에 있는 '뷸러 퀄리티 얀스' 방적기업을 인수함으로 글로벌 시장에 도전하였다.

삼일방직㈜ 노희찬 회장

-대한방직협회 이사
-대구상공회의소 17·18대 회장
-한국섬유산업연합회 11·12대 회장
-한국섬유기술시험연구원 이사장

-1962. 2. 대구공업 방직과 졸업
-1968. 2. 영남대학교 화공과 졸업
-1992. 3. 서울대학교 행정대학원 수료
-2002. 5. 링컨대학교(미, 샌프란) 명예경영학박사 학위 취득

-1977. 11. 100억불 수출의날 유공자 공로표창 (대구세관장)
-1979. 11. 제16회 수출의날 유공자 표창 (상공부장관)
-1980. 11. 제17회 수출의날 유공자 공로표창 (대구시장)
-1984. 2. 중소기업중앙회장상 수상 (중기중)
-1987. 3. 제14회 상공의날 철탑산업훈장 수훈 (제790호)
-2001. 10. 제56주년 경찰의 날 감사장 (행자부장관)
-2004. 8. 체육훈장 맹호장 수훈 (U대회)
-2012. 3. 제39회 상공의 날 금탑산업훈장 수훈 (행안부장관)

그의 업적을 보면 개인의 삶에 머무르지 않고 지역사회와 대한민국의 섬유발전 등에 헌신해 오셨음을 알 수 있다. 우리는 본사를 둘러보며 사진을 남겼다. 공장은 각종 나무로 울창하여 짙은 녹음으로 가득차 있었다. 우리는 문을 나서면서 수위실에 손을 흔들어 주고는 가던 길을 재촉하였다.

종주를 마친 뒤 삼일방직㈜을 방문해 노희찬 회장님과 함께

진량면 선화리 들판을 따라 현흥초등학교까지 농촌길을 걸어갔다. 지금은 농로길로 이용되지만 20년 전까지는 국도로 이용되던 길이다. 새로운 국도가 생기면서 일반 차량은 거의 다니지 않는 길이라 편하게 걷고 안전함을 느꼈다. 푸른 대추밭과 각종 농작물을 키우는 농업진흥구역이다.

현흥리를 거의 빠져나가자 국도 건너편 금구리에서 권중석 경산시의원이 운영하는 농약사 건물이 보였다. 마치 우리 가게로 들어가는 사람처럼 문을 힘차게 밀고 안으로 들어갔다. 젊은 30대 전후의 아들이 반갑게 맞이하였다. '아버지께 이야기를 들었다'면서 인사성도 밝았다. 서울에서 큰 회사에 다니던 맏아들로 여겨졌다. 그는 '아버지가 시의원으로 바빠지자 자신이 회사를 퇴사하고 아버지 일을 돕고 있다'고 했다.

정말 요즘 보기 드문 기특한 아들이었다. 마침 손님이 오자 컴퓨터 모니터로 확인한 농약의 내용과 사용법도 자세히 알려 주는 등 제법 적응이 되어 있었다. 이때 다른 일을 마치고 권 의원이 가게로 들어왔다. 그와도 이미 종주코스에서 하루 동안 같이 걷기도 했다. 권 의원은 함께 걸었던 김 교수와 대학 선후배 사이로 금방 친해졌다.

때를 맞추어 오전부터 서포터즈 역할을 하고 있는 안 단장께서도 들어오셨다. 그는 미리 점심을 먹을 식당도 맞추어 두고 왔다는 것. 압량네거리에 있는 그곳으로 자리를 옮겼다. 여름별미로 냉콩국수를 잘 만드는 곳으로 소문이 난 집이다. 콩국수야 사철 음식이지만 만드는 방법에 따라 사실 맛이 달라지는 집이다. 엄마가 살아 계셨을 때는 우리가 원할 때 언제든지 만들어 주셨던 음식이다.

오전부터 시원히 먹을 음료수를 공급하는 등 서포터즈 역할을 톡톡히 하였던 안 단장으로부터 점심까지 대접을 받았다. "낼 마지막 여정에도 함께 참여하겠다"는 그에게 낼은 출근을 해야 하기에 아예 남매지못 보건소 옆 종주길 해단식이 열리는 곳으로 나오도록 안내하였다. 농협 간부이기에 서로가 시간을 아껴야 하는 사람들이다.

우리는 안 단장에게 아까 왔던 금구리까지 다시 데려다줄 것을 요청하였다. 아직도 걸어야 할 몫이 남은 것이다. 이제 다시 금구리에 도착했다. 우리가 상당시간 걸어왔던 현흥리 들판은 주로 참외를 생산하는 곳이다. 매년 2월에 참외 모종을 만들어 심으면 조생종은 4월부터 참외가 나오고, 만생종은 6월에 나온다. 경산시는 참외밭 주인들이 직접 과일을 팔 수 있도록 생산농가의 고유 번호가 붙어 있는 작은 직판장을 운영하도록 배려되어 있다.

압독국 역사와 마위지(馬爲池)

이날 우리는 압량읍 금구리에서 오목천을 건너 부적리로 들어갔다. 압량은 김유신 장군과 관련성이 많은 곳이다. 그곳은 신라 이전부터 압독국이라는 작은 왕국이 있었으나 신라에 복속되어 삼국통일의 전진기지가 되었다. 지금도 김유신 장군의 병영기지와 훈련장이 그대로 남아 있는 곳이다.

압량읍 압량리 179 일원에는 삼국시대 때 군사 훈련장으로 알려진 사적 제218호 경산병영유적이 있다. 나지막한 동산에 오르면 일대가 한눈에 들어온다. 지형으로 보아 병영훈련과 지휘소로 안성맞춤이다. 경산 병영유적 주변은 현재 기업체 창고와 공장지대로 압량읍 주민조차 유적에 대해 잘 모르는 경우가 많다. 일부러 찾지 않는 이상 그 존재를 알기는 힘들다.

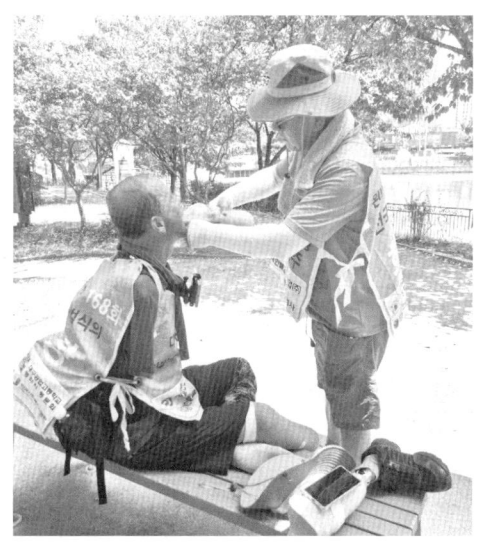

마위지에 설치된 작은 쉼터

영남대에서 금구리 버스종점으로 향하는 919번 지방도에서 멀지 않은 곳에 자리해 접근성은 나쁘지 않다. 특히 경산병영유적은 삼국통일의 주역 김유신 장군이 압량주 군주로 있을 당시 백제 공략을 위해 군사들을 조련시키던 곳으로 전해진다. 이후 백제뿐만 아니라 고구려를 향한 북방정책을 실시하면서 군사기지로 사용된 곳이다.

흙을 쌓아 만든 두룩산 유적지는 지름이 80m에 둘레가 270m에 달하는 원형 모양의 넓은 광장이 마련돼 군사시설임을 짐작하게 한다. 광장 남쪽에는 장수가 군사들을 지휘했을 법한 흙으로 쌓아올린 망루인 토루가 위치해 있다. 지휘관에 토루 위에 올라서서 너른 광장을 내려다보면 수백 명의 군사를 훈련시키기에 부족함이 없다는 생각이 절로 든다.

지금도 광장 주변으로는 가족들이 함께 산책을 하거나 벤치가 자리해 조용히 명상을 즐기기에도 좋고, 어린이들이 마음껏 풀밭에서 뛰어놀기에도 손색이 없다. 병영유적은 압량벌 구릉 위에 조성돼 주변을 관망하기에도 좋다. 경산 도심은 물론 대구 수성·동구와 영천시 금호읍 일원까지 한눈에 담을 수 있다.

경산 병영유적이 신라의 수도였던 서라벌(경주)로 향하던 주요 길목에 자리한 점도 상상력을 자극한다. 병영유적에서 500m 떨어진 부적리 도로변에는 '김유신 장군이 말에게 물을 먹이기 위해 조성했다'는 마위지(馬爲池)도 자리해 있다. 어디 장군의 말만 물을 먹였을까? 훈련장에서 흙먼지를 일으키면서 달린 말들이 저녁이 되어 마장으로 들어가기 전에 반드시 목욕을 시켜주었을 것이다. 그곳은 저지대가 형성되어 둑을 막아서 만든 저수지이다.

1971년 경상북도 사적지로 지정되었다. 지정면적은 4만 1,174㎡. 김유신 장군이 병사들을 모아 무술과 정신을 연마시키던 연무장으로 추정되는 곳으로 압량리·내리·선화리 일대 두룩산 유적으로 구성되어 있다. 이 유적은 사방이 산으로 둘러싸인 분지 중앙부에 있는 압량읍·진량면의 낮은 구릉지대에 위치하고 있으며, 그 주위에는 대구시 고산동과 경산시 압량읍·자인면·하양읍 등이 자리잡고 있다.

두룩산이라는 말은 두리두리한 나지막한 산으로, 즉 둥근 산의 지형에서 온 말의 고어로 두리산(豆里山 = 圓山)에서 유래하였다. 따라서 압량읍와 내리·선화리의 두룩산 유적은 인공적으로 광장과 고대를 흙으로 둥글게 쌓은 연무대를 가리킨다.

종주 최종일 하루를 앞두고, 압량읍에 도착한
좌측부터 김선완 교수, 이범식 박사, 김진만 기자가 화이팅을 외쳤다.

인근 영남대 북쪽 조영·임당동 고분군에서는 경산지역에 자리했던 고대 읍락국가인 압독국의 흔적을 더듬어볼 수도 있다. 지금도 발굴할 때마다 각종 유구와 토기류 등이 무더기로 발굴되어 임당고분군은 신라시대 이전부터 존재한 부속국가의 흔적을 여실히 드러내고 있다. 경산지역과 대구권 주민들이 이곳을 꼭 한번 들러 주길 당부 드리고 싶다.

이날 오후에 김진만 기자와 김선완 교수와 걸으면서 압독국의 역사와 김유신의 병영유적지, 임당고분 등에 대해 해박한 토론을 벌였다. 10년 전부터 지역이 고향인 성기중 교수와 지역을 연구하는 학자들이 매년 지역의 고대사와 풍습을 연구하여 발표하고 있다. 또 대경대학의 유윤선 교수도 3년 전부터 '김유신 문화사업회'를 조직해 매년 연구 포럼과 활동사업을 펼치고 있다.

꺾이지 않는 마음 *215*

우리는 마위지 주변에 있는 벤치에 앉아 한 번 더 땀을 식힌 뒤 부적리에 있는 '은혜로교회'도 둘러보고는 압량읍 행정복지센터에 도착했다. 나는 오래전에 은혜로교회로부터 컴퓨터를 기증받아 어려운 장애인들에게 나누어 주기도 했다. 참으로 감사할 기억이 남아 있었다. 이제 내일이면 경산시청까지 마지막 코스를 앞두고 있다. 낼 마지막 코스는 오후 2시부터 걷기로 했다. 여름철 하루 중에 가장 뜨거운 시간이다.

△ 8/15, 대구대 삼거리-경산 압량읍 행정복지센터, 14km(총 458km), 1만 8873보(총 65만 3458보)

31일 만에 서울에서 경산까지

〈8월 16일, 금, 이날까지도 폭염〉

이날은 오후 2시, 경산시 압량읍 행정복지센터에 종주길을 응원해 주셨던 사람들이 모였다. 압량읍 현관 LED 전광판에는 '외발로 세상을 품은 이범식 박사'라는 격려의 글이 보였다. 사람들은 '왜 이리도 더운 시간을 골라 종주길을 걷느냐'고 한마디씩 거들었다. 나는 "하루 중 가장 더운 시간은 꼭 2시만은 아닙니다"면서 "이왕 할 바에야 가장 어려운 시간을 이겨내고 싶었다"고 말해 주었다.

이날 마지막 코스에는 매일신문 김 기자와 장엄사 주지 스님과 신도 회장, 서보균 전 교도소장, 김선완 교수, 김영애 영천실버케어 원장, 하외숙 선생님 등 많은 사람들이 참여하였다. 태양은 우리들 머리 위에서 뜨겁게 비추고 있었다. 압량읍 행정복지센터를 출발, 75번 종점을 거쳐 영남대 앞에서 1차로 쉬었다. 누군가 아이스크림과 냉커피 등을 주문하였다.

지하철 2호선 영남대역 3번 출구 앞 그늘에서 잠시 땀을 식힌 뒤 다시 우측 길을 통해 경산농협 뒤편을 통해 남매지 둑길 아래쪽을 걸어 경산시청 쪽으로 방향을 잡았다. 4km 십리길을 90분 만에 돌파해 오후 3시쯤 경산시청 정문 쪽으로 걸어갔다. 이미 경산시청 정문에는 50여 명의 직원들이 나와서 박수를 보내고 있었다.

윤희란 경산시 부시장이 31일 동안 서울에서 경산까지 국토 도보 종주를 마친 나에게 축하 꽃목걸이를 걸어 주었다. 내가 서울에서 경산까지 걸어온 길은 31일 동안 총 462km, 걸음걸이 수로는 65만 9천여 보였다. 당초 40일 정도에 400km 정도를 걷기로 계획을 세우고 걸음을 시작했으나 한 달 만에 종주길을 끝낼 수 있었다. 당초 계획했던 일정보다 9일을 앞당겼다. 무엇보다 무탈하게 마치게 된 것은 하늘이 도운 것이다.

경산시청 현관에서 환영객들과 기념사진도 찍었다. 공무원들과 찍

고, 환영 행사에 나온 많은 사람들과도 기념사진을 남겼다. 환영식에서 마음이 분주할 것 같았는데, 생각보다 기분이 차분해졌다. 스스로 돌아보아도 불굴의 의지로 천리길을 걸어서 왔다는 게 꼭 남의 이야기로 여겨졌다. 전국 종주길을 마치는 게 아니라 이제 시작이라고 생각됐다.

이날 오후 4시쯤, '전국 종주길 해단식'이 경산시 보건소 뒤편 남매지 야외 무대에서 열렸다. 행사에는 종주에 참여했던 분들과 그동안 길을 함께 걷는 동안 서포터즈 역할을 하셨던 분들이 모였다. 사람들은 엄두도 내지 못할 먼 거리를 폭염에 양팔이 없고, 오른쪽 다리는 의족을 낀 채로 걸어왔다는 것이 잘 믿기지 않는다고 하였다.

서울-경산 간 국토 종주 완주 행사에서 소회를 밝히는 이범식 박사. 매일신문 제공

무대 뒤편에는 국토 도보 종주 완주를 축하하기 위해 '당신이 걸어온 길이 희망입니다', '당신이 자랑스럽습니다'는 등의 현수막도 걸려 있었다. 장엄사 신도회원들과 농협 경산시지부에서 꽃목걸이를 걸어 주었다. 무대 한쪽에는 장엄사 신도회 회원들이 과일과 시원한 음료를 준비하느라 분주하였다.

김선완 교수의 사회로 열린 '전국 종주길 해단식'은 1시간 동안 이뤄졌다. 그래도 해거름 시간이라 남매지의 넓은 호수를 바라보면서 여유있게 진행되었다. 김진만 기자가 서울-경산 간 국토 도보 종주에 대한 경과 보고와 의미에 대해 설명했다. 이어 주인공인 나를 가장 먼저 소개할 것 같았는데 사회자는 장엄사 주지 덕준스님을 가장 먼저 소개하면서 인사말을 시켰다. 덕준스님은 "이범식 박사가 종주하는 동안 날마다 부처님께 무사귀환을 기도했다"면서 함께 기도로 응원해 준 신도회를 소개하기도 했다.

이어 안문길 경산시의회 의장은 "불편한 몸으로 이 무더위에 서울에서 경산까지 462km를 걸어왔다는 것이 상상이 되지 않는다. 새까맣게 탄 이 박사의 얼굴을 보며 그 용기와 의지에 찬사를 보낸다"며 '우리 경산시의 자존심'이라는 찬사의 말도 아끼지 않았다.

이번 종주를 후원한 아진산업㈜ 이재억 이사는 "먼 길 목적지까지 산 넘고 물 건너서 완주한 것을 축하한다. 그동안 걸어온 길이 헛되지 않도록 저희 회사에서도 돕고 또 주변의 사람들에게 널리 알려져 선한 영향력이 되길 바란다"고 격려했다.

이어 사회자는 "오늘의 주인공인 이범식 박사와 부인을 소개한다"고 했다. 나는 사회자에게 부탁하여 종주길을 함께했던 모자를 벗겨주고, 왼쪽 다리에 채워져 있던 내비게이션 앱으로 길을 안내해 준 휴대폰을 몸에서 제거해 줄 것을 부탁하였다. 일종의 종주길에 사용된 도구를 떼어내는 무장해제였다. 이어 아내와 함께 "종주를 마치

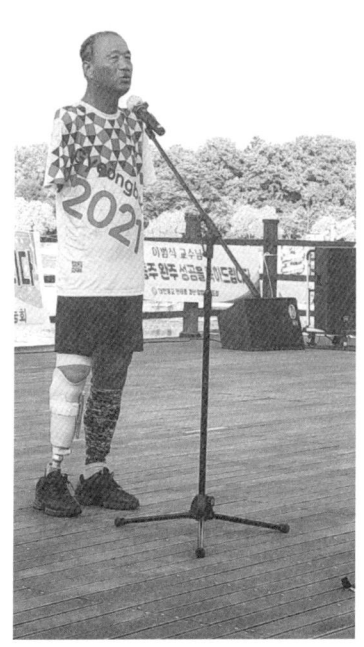

면서 첫째는 약속을 지켰다는 안도감, 둘째는 나 자신과 저를 지지해주고 격려와 응원을 해 준 모든 분들께 고맙다"며 무대 위에서 큰절을 올렸다.

내가 마칠 수 있도록 도와준 분들에게 할 수 있는 것은 온몸을 다해 감사를 표현하는 것뿐이었다. 이어서 나는 "저의 한 걸음 한 걸음이 이 사회를 향해 장애인도 할 수 있다는 인식, 누구든지 도전하면 이룰 수 있다는 희망을 주는 작은 날갯짓이라도 하겠다는 일념으로 하루하루 최선을 다해 걸었고, 죽을 고비를 세 번이나 넘기고 여기 경산까지 완주했다"고 말했다.

또 "이번 종주 31일 동안 아침에 길을 걸을 수 있도록 옷을 입혀주고 밥을 먹여주고, 숙소로 돌아오면 상처를 소독해 주고 목욕을 시켜주고 빨래를 빨아주며 묵묵히 한 달을 지원해 준 아내 김봉덕에게도 참 고생 많았다"며 공식적으로 고마움을 표현했다.

이어 나는 "길을 걸으면서 따뜻한 격려 한마디, 물 한 모금을 먹여 준 많은 고마운 사람들이 있었기에 저를 여기까지 오게 만들었다"는 말로 감사의 인사를 올렸다. 그동안 함께 걷거나 도와준 사람들을 두고 한 사람 한 사람 이름을 불러 보았다.

나를 전국 종주길로 걷도록 동기부여를 심어 준 매일신문 김진만 기자와 함께 걸었던 서보균 전 교도소장 부부, 김병회 前 문경종합온천 대표이사, 김선완 영남대 총동창회 사무총장, 권중석 경산시의원, 최종국 하반신 마비 중증 장애인, 김영애 영천실버케어 원장, 이상정 경산시 공원녹지과장, 안재근 농협경산시지부 농정단장, 사랑의 열매 봉사단 김경범 세명농산 대표와 전미경 정책기획단장, 오사학모회 이정희·정숙자 회원, 생명의 전화 정수환 이사와 변태

얼굴이 새까맣게 탄 이범식 박사와 부인 김봉덕 여사는 해단식에서 큰절을 올렸다.

옥·박영신·신경진 회원, 조향진·하외숙 숲해설가, 신준혁 님 등이 동행해 주셨다고 소개를 드렸다.

또 물질과 응원을 아끼지 않았던 아진산업㈜ 서중호 회장, 한국사회복지사협회, 한국특수교육연합회 조현관 회장, 법무부 김미정 사무관님, 대구야생화 연구회 김기한 곽복금, 보현회 지혜화 김명순, 대구공고 총동창회와 대구공고경산동문회, 대구대학교 총동창회, 최우진 경북행복재단 사무총장, 정나눔회 서상호 회장과 회원들, 류호천 유니슨 색소폰 단장, 최숙자, 예천군 사랑의 열매 나눔봉사단 장경숙 단장, 괴산 남룡사 성공스님과 신도들, 안동 법륜사 대명스님과 신도들, 장엄사 덕준 주지스님과 신도회와 곽철혁 회장에게도 감사를 드렸다.

무엇보다 도보 종주길에 "갈증으로 타는 목마름을 느끼는 나에게 복숭아를 먹여 주신 노점상 아주머니와 생수를 먹여 준 우편집배원과 청년, 학생, 어르신, 부부 등 너무도 많은 사람들이 있었기에 이번 종주를 완주할 수 있는 원동력이 됐다"는 고마움을 표했다.

"나는 그분들에게 이번에 서울에서 경산까지 걸어온 길이 헛되지 않도록 여기 모인 여러분들께 저의 이 작은 날갯짓이 우리 사회를 변화시키는 태풍으로 발전할 수 있도록 함께해 주길 부탁드린다"
는 간절한 마음을 표시했다.

아마도 나에게 도움을 준 분들은 이보다 더 많았을 것으로 여겨진다. 어느 슈퍼마켓에서 음료수 값을 받지 않으려고 하신 할머니와 의성군청 앞 식당의 주인 부부도 저녁 식사비를 끝내 받지 않으시기도 했다.

나는 그렇게 우선 기억되는 분들을 호명해 보았다. 서울에서 경산까지 뙤약볕에서 462km에 약 66만 보의 한 걸음, 한 걸음이 장애인들과 많은 사람들에게 희망의 길이 될 것이란 확신이 나의 가슴에 깊이 새겨져 있다.

△ 8/16, 압량읍 행정복지센터-경산시청, 4km(총 462km),
　총 66만 3320보

"누구든지 도전하면 이룰 수 있다는 희망의 작은 날갯짓"

'양팔 없는 왼발박사' 이범식, 31일 동안 약 66만 보 걸어 서울~경산 종주 완주

김진만 기자 (매일신문 2024-08-16)

'양팔 없는 왼발박사' 이범식(59·경북 경산) 씨가 서울에서 경산까지 국토 도보 종주에 도전한(매일신문 7월 14일 보도) 지 31일째인 16일 오후 462km, 65만 9천여 발의 걸음을 걸어 최종 목적지인 경산시청에 도착해 완주에 성공했다.

이 씨는 1985년(22세) 전기공사 현장에서 일할 때 감전사고로 양팔과 오른쪽 다리를 잃고(나중에 의족을 함) 성한 왼발 하나로 생활하면서도 47살 늦깎이로 대학에 입학해 10년 만에 대구대 대학원에서 박사학위를 취득하고 대학 강단에 선 의지의 한국인이다.

▷ 중증 장애인이 왜 서울에서 경산까지 도보 종주하게 됐을까

중증 장애인인 그가 경산에서 누구보다 열심히 노력하며 살았고, 장애인 단체에서 활동을 하면서 내가 아무리 열심히 노력해도 서울이나 수도권에서 볼 때 지방은 하나의 변방일 뿐이라는 것을 절감했다. 그렇다고 여러 가지 사정상 서울로 갈 수 없었고, 지방에 사는 내가 과연 할 수 있는 것이 무엇일까?

'양팔 없는 왼발박사' 이범식 씨가 서울~경산 간 국토 도보 종주에 나선 지 31일째인 16일 오후 462km, 약 66만 발의 걸음을 걸어 경산까지 완주에 성공한 후 소회를 밝히고 있다.

"비록 양팔이 없고 오른발은 의족을 끼고 왼발 하나로 버티며 살아가고 있는 제가 도전을 통해 뭔가 이룰 수 있다는 희망을 주고, 장애인에 대한 인식도 좀 개선해 보자는 생각으로 서울에서 경산까지 내가 도보 종주에 도전해 보겠다고 결심을 하게 됐습니다."

서울-경산 간 국토 종주를 마친 이범식 박사의 미소

그는 지난달 15일, 서울 광화문 세종대왕상 앞에서 출발해 경산까지 홀로 도보 종주에 나섰다. '대구·경북통합'과 '지방 장애인 복지 향상'을 내걸고 걸었다. 수도권에 비해 열악한 지방의 장애인 복지나 재활환경을 세상에 알려 조금이라도 개선되길 바라고, 대구·경북이 통합하면 재정규모도 커지고 지역에 맞는 촘촘한 복지로 장애인들에게 일할 기회가 늘어나고 삶의 질도 향상될 것이라는 기대감 때문이나.

▷ 고행의 연속… 이름 모를 사람들이 먹여주는 물은 '생명수'

의족을 한 오른발에 길찾기 앱을 설치한 휴대전화를 이용해 도보길을 찾아 종주를 했다. 연일 35~6℃의 넘는 폭염에 아스팔트 열기까지 더해 체감온도는 40℃ 이상인 날씨에 서울~경기도 성남~광주~이천을 걸을 때는 초행길이라 길찾기가 어렵고, 도로폭이 넓어 쌩쌩 달리는 자동차들로 인해 혹시 교통사고라도 당하지 않을까 하는 두려움과 긴장으로 고행길의 연속이었다.

특히 성남~광주 구간에는 길을 잘못 들어 8시간 동안 무려 30km를 무리하게 걷는 바람에 거의 탈진상태까지 간 적도 있었다. 이렇게 해서 열사병으로 죽는가 보다 하는 두려운 생각이 들었다.

이범식 박사가 서울-경산 간 국토 종주에 나선 지 31일째인 8월 16일 오후 경산시청을 향해 힘차게 걷고 있다.

충북 음성을 거쳐 괴산군을 홀로 걸을 때는 걸어도 걸어도 중간에 사람들을 만나지 못해 물조차 제대로 마시지 못해 어려움을 겪었다.

하지만 도보 종주 중간 중간 만난 이름 모를 아주머니와 택배기사, 외국인, 시골의 할머니 등이 양팔이 없는 이 박사를 위해 물이나 음료를 먹여 주는 것은 '생명수'와 같았다. "이 무더위에 몸이 성한 사람도 그 먼 길을 걷는다는 것은 엄두도 내지 못할 텐데 중증 장애인이 400km가 넘는 길을 걷는데 힘내라"는 응원에 또 종주를 이어가며 한 걸음 한 걸음 뚜벅뚜벅 길을 걸었다.

▷ 경북에 입성, 지인들의 많은 응원에 힘 솟아

서울 광화문을 출발해 경기도~충북을 15일 동안 약 180km 걸어 드디어 도보 종주 16일째인 8월 1일부터는 경북을 구간을 걷게 됐다. 새도 쉬어 넘는다는 문경새재 길부터는 "고향에 왔다"는 생각으로 마음이 푸근해지고 발걸음이 전보다 가벼워졌다.

무엇보다 중년의 나이에 백두대간 종주를 하면서 힘들었던 기억 때문에 도보종주 길을 안내해 준 김병회(78) 전 문경종합온천 대표, 대구교도소의 교정위원으로 활동할 때 알게 된 서보균(61) 전 경주교도소장, 기자 등 3명이 문경새재를 함께 넘었다.

이 씨는 "특히 문경 구간의 종주는 잊을 수 없다"고 했다. 문경은 그의 아버지가 청도에서 하던 자동차정비업소에서 사고가 나면서 5세 때 탄광촌인 문경시 호계면으로 이사해 호계국민학교 6학년때 경산으로 이사를 가기 전까지 살았던 특별한 곳이다.

문경 구간의 종주에는 김병회 전 대표와 김경범(62) 경북사랑의 열매 나눔봉사단 문경시단장, 문경 조선요 김영식(56) 도예가 등 많은 사람들이 이 박사와 함께 걸으며 힘을 북돋워 주었다. 걸음에 힘이 절로 났다.

신현국 문경시장도 지난 3일 이 박사 일행의 문경시청 도착을 환영하며 "많은 사람들에게 희망의 메시지를 전하려고 하는 이 박사의 도보 종주를 무사히 잘 마치기를 바란다. 장애인과 비장애인이 더불어 사는 사회가 될 수 있도록 문경시도 최선을 다하겠다"고 격려와 응원을 했다.

김병회 전 대표는 문경~경북도청~안동~의성 구간에 1주일 넘게 이 씨를 위해 중간중간 길을 안내해 주고 물과 음료를 제공해주는 등 헌신적인 지원을 아끼지 않았다.

▷ 이철우 경북도지사 "당신은 경북의 별이자, 자랑"

이 박사는 경북에 입성한 후 여러 사람들의 응원을 받으며 종주를 이어갔고 지난 6일 280km를 걸어 경북도청에 도착했다. 이철우 경북도지사는 "외발박사 이범식은 경상북도의 별이자, 자랑"이라며 격려하고 "이 씨의 도보 대장정이 나약한 젊은이들에게 도전정신을 심어주고 희망을 줄 수 있었으면 좋겠다. '중꺾마'(중요한 것은 꺾이지 않는 마음) 정신으로 남은 구간 도보종주를 건강하게 완주하길 바란다"고 응원했다.

경북도청 이후 안동~의성 단촌면~금성면~대구로 편입된 군위군 우보면~산성면~영천 신녕면~청통면~경산 와촌면~하양읍~진량읍~압량읍을 거쳐 16일 오후 4시 30분 최종 목표지점인 경산시청에 도착했다. 윤희란 경산부시장과 안문길 경산시의회 의장 등이 이 박사에게 꽃목걸이를 걸어 주며 무사 완주를 축하하고 환영했다.

그가 서울에서 경산까지 걸어온 길은 31일 동안 총 462km. 걸음걸이 수는 65만 9천여 보. 보통 사람들은 엄두도 내지 못할 먼 거리를 폭염에 양팔이 없고 오른쪽 다리는 의족을 낀 채로 걸어왔다는 것이 잘 믿겨지지 않을 정도로 초인적인 능력을 발휘해 종주를 완주했다. 당초 계획했던 일정보다 9일을 앞당겼다.

▷ "누구든지 도전하면 이룰 수 있다는 희망을 주는 작은 날갯짓"

이 박사의 서울에서 경산까지 국토 도보 종주 완주를 축하하는 조촐한 행사가 남매공원 야외무대에서 마련됐다. 그의 도보 종주 완주를 기원하고 응원했던 사람들과 후원한 아진산업㈜과 농협경산시지부 임직원과 경산 장엄사 신도, 정나눔회원 등이 모여 마련한 자리였다.

그의 국토 도보 종주 완주를 축하하는 "당신이 걸어온 길이 희망입니다", "당신이 자랑스럽습니다"는 등의 현수막이 내걸렸다.

안문길 경산시의회 의장은 "불편한 몸으로 이 무더위에 서울에서 경산까지 462km를 걸어왔다는 것이 상상이 되지 않는다. 새까맣게 탄 이 박사의 얼굴을 보며 그 용기와 의지에 찬사를 보낸다"고 말했다.

이번 종주에 후원한 아진산업㈜ 이재억 이사는 "먼 길 목적지까지 산 넘고 물 건너서 완주한 것을 축하한다. 그동안 걸어온 길이 헛되지 않도록 저희 회사에서도 돕고 또 주변의 사람들에게 널리 알려져 선한 영향력이 되길 바란다"고 격려했다.

이어 주인공인 이범식 박사는 "종주를 마치면서 첫째는 약속을 지켰다는 안도감, 둘째는 나 자신과 저를 지지해주고 격려와 응원을 해 준 모든 분들께 고맙다"는 소감을 밝혔다. "저의 한 걸음 한 걸음이 이 사회를 향해 장애인도 할 수 있다는 인식, 누구든지 도전하면 이룰 수 있다는 희망을 주는 작은 날갯짓이라도 하겠다는 일념으로 하루하루 최선을 다해 걸었고, 죽을 고비를 세 번이나 넘기고 여기 경산까지 완주했습니다."

그는 "이번 종주 31일 동안 아침에 길을 걸을 수 있도록 옷을 입혀주고 밥을 먹여주고, 숙소로 돌아오면 상처를 소독해 주고 목욕을 시켜주고 빨래를 빨아주며 묵묵히 지원을 해 준 아내 김봉덕(57)에게도 '참 고생 많았다'"며 고마움을 표했다.

이범식 박사와 서울-경산 국토 종주 응원을 했던 사람들이 8월 16일 경산 남매공원 야외무대에서 환영행사 후 완주기념 사진을 촬영하고 있다.

이어 "길을 걸으면서 따뜻한 격려 한마디, 물 한 모금을 먹여 준 많은 고마운 사람들이 있었기에 저를 여기까지 오게 만들었다"고 했다.

그는 "매일신문과 아진산업㈜, 대구공고 총동창회와 경산동문회, 대구대 총동창회, 장엄사 신도회 등은 물론 김병회 전 대표, 서보균 전 교도소장, 김선완 영남대총동창회 사무총장, 권중석 경산시의원, 최종국 하반신 마비 중증 장애인, 김영애 영천실버케어원장, 이상정 경산시 공원녹지과장, 안재근 농협경산시지부 농정단장, 이름 모를 아주머니와 우편집배원 등 너무도 많은 사람들이 있었기에 이번 종주를 완주할 수 있는 원동력이 됐다"고 고마움을 표했다.

"이번에 서울에서 경산까지 걸어온 길이 헛되지 않도록 여기 모인 여러분들께 저의 이 작은 날갯짓이 우리 사회를 변화시키는 태풍으로 발전할 수 있도록 함께해 주길 부탁드립니다. 그가 서울에서 경산까지 뙤약볕에 아래 약 66만 보의 한 걸음 한 걸음이 장애인들은 물론 많은 사람들에게 희망의 길이 될 것이라는 확신이 들었습니다."

양팔·오른다리 잃은 만학도, 10년 만에 박사 꿈 이뤄

이범식 교통장애인협회 경산지회장

김진만 기자 (매일신문, 2021-02-17)

대구대서 직업재활전공 학위 받아
22세 때 감전사고로 지체장애 1급 중증 장애자
고통·절망 딛고 47세 때 다시 공부

22세 때 감전사고로 양팔과 오른쪽 다리를 잃은 1급 지체장애인 이범식 씨가 만학도로 10년 동안 공부해 대구대학교 대학원에서 직업재활전공으로 이학박사 학위를 받았다. 김진만 기자

22세 때 감전사고로 양팔과 오른쪽 다리를 잃은 1급 지체장애인이 온갖 시련을 극복하고 만학도로서 10년 만에 박사의 꿈을 이뤄 화제다. '인간 승리'의 주인공은 이범식(58) (사)한국교통장애인협회 경산시지회장이다. 그는 19일 비대면으로 열리는 대구대학교 대학원 학위수여식에서 재활과학과 직업재활전공으로 이학박사 학위를 받았다.

그의 삶은 그야말로 파란만장한 한 편의 드라마와 같다. 이 씨는 22세이던 1985년 11월 군대를 막 제대하고 전기회사에 취직해 전기공으로 일하던 중 감전사고로 한순간에 양팔과 오른쪽 다리를 잃는 중상을 입고 1급 지체장애인이 됐다.

"감전사고로 왼발만 남은 저에게는 모든 것이 낯설고 미래가 없었어요. 매일같이 화가 치밀어 올라 낮에는 자고 밤에는 폭음을 일삼았어요. 한때는 고통과 절망 속에 자살까지 생각했었지요."

1991년 아버지가 교통사고로 사망한 후 2남 4녀의 맏이로서 집안을 꾸려가기 위해선 뭔가를 해야만 했다. 그때 컴퓨터를 접하게 됐다. 앉아서 발가락으로 자판을 두드리고, 발바닥으로 마우스를 굴리며 독학으로 컴퓨터를 배웠다. 1995년에는 컴퓨터 관련 사업을 하다 실패해 신용불량자가 됐고, 지인과 함께 웹 호스팅 회사를 창업했다가 집까지 날리는 등 시련의 연속이었다.

그 후 장애인 컴퓨터 방문 강사를 하다 지금의 아내(김봉덕·56)를 만난 게 희망의 빛이었다. 온라인 중증 장애인 봉사모임을 만들어 장애인을 도우며 서로 사랑의 싹을 틔웠다. 이런 활동에 힘입어 그는 2003년 7월 한국교통장애인협회 경산시지회를 설립했다. 장애인의 재활을 위해 컴퓨터 교육장도 운영했다. 또 대구교도소 교정위원을 맡아 재소자들을 위한 컴퓨터 교육 강사도 수년간 했다.

하지만 사회에 대해 조금씩 알아가면 갈수록 지식의 부족함을 통감했다. 그래서 고교 졸업 27년 만인 47세에 다시 공부를 시작했다. 2011년 대구미래대학 사회복지과 야간 과정에 입학했고, 장애인 복지와 재활 분야를 전문으로 공부하기 위해 2013년 대구대 산업복지학과에 편입했다.

대학 졸업 후 대구대 대학원에서 석사학위를 취득하고 '중도장애인의 외상 후 성장에 관한 연구'로 이번에 박사 학위를 받는다. 그는 "인간은 장애와 같은 절망적인 상황에서도 성장하고 발전하려는 역량과 동기를 지니고 있으며, 이러한 동기가 충분히 발휘되기 위해서는 사회적 지지 같은 기본적인 필요조건이 충족될 필요가 있다"고 했다.

그의 논문에서 "장애라는 것이 부정적인 것만은 아니라 자신의 또 다른 내면을 발견하고 성장하는 긍정적인 계기가 될 수 있다"는 내용이다. '지문이 없는 사람'이라고 말하는 그는 "비록 왼발 하나지만 직업재활학과 교수진과 함께 장애인의 직업재활에 대한 연구를 하고 싶고, 직업재활센터나 장애인 기업을 만들어 일자리를 나누고 싶다"고 했다.

또 그는 "저 자신에게는 일찍 다쳐줘서 고맙고, 일찍 깨우치도록 많이 다쳐줘서 고맙다. 아내의 희생과 헌신으로 오늘날 나로 성장시켜 주고 함께해 주어 고맙다. 사회에는 은혜를 베풀어 주어 고맙습니다. 저 자신에게 부끄럽지 않고 가정에 기여하고 사회에 희망을 주는 사람으로서 역할을 찾아 실천하는 삶을 살고자 한다"라고 말했다.

이범식 박사
"한쪽 발가락으로 밥 먹고 글 쓰고 자판 두드렸죠"

매일신문 김진만 기자 (2022-02-27)

감전사고로 양팔과 오른쪽 다리(의족을 함)를 잃은 이범식 씨가 자신의 삶을 기록을 담아낸 『양팔 없이 품은 세상』을 책을 집필했다.

"제가 이만큼 다치지 않았더라면 과연 내 인생 자체가 의미가 있었을까요. 장애로 인해 고통과 고난의 연속이었지만 이렇게 성장할 수 있는 자산이 됐어요. 이

때문에 이제는 오히려 일찍 다쳐서, 많이 다쳐서 고맙다고 말합니다."

22세 때 전기공으로 일하다 감전 사고로 양팔과 오른쪽 다리를 잃고 1급 지체 장애인으로 36년 동안 살아오면서도 희망을 잃지 않고 온갖 고난과 역경을 이겨내고 박사 학위까지 받은 이범식(58) 씨가 최근 『양팔 없이 품은 세상』이라는 제목의 책을 냈다.

이 씨는 "중증 장애인으로 살아온 저의 삶의 기록이 힘들고 지치고 좌절하고 포기하고 싶은 많은 사람들에게 삶의 희망을 찾아 다시 출발할 수 있는 작은 용기와 희망의 등불이 되었으면 좋겠다는 생각으로 틈틈이 쓴 글을 모아 책으로 출간하게 됐다"고 말했다.

그의 삶은 그야말로 파란만장한 한 편의 드라마와 같다. 남은 왼발 발가락으로 식사를 하고 글도 쓰고 컴퓨터 자판을 두드리고 마우스를 사용하는 등 독학으로 '컴퓨터 도사'가 됐다. 컴퓨터와 관련된 회사 취업과 실직, 컴퓨터 판매사업과 파산으로 신용불량자가 되기도 했다. 이후 컴퓨터 관련 강사, 컴퓨터 교육장 운영 등 살기 위해 많은 일을 하면서 고통과 고난의 연속이었다.

이 씨는 인생의 터닝 포인트 3개를 꼽았다. 첫 번째는 사고로 인한 장애로, 살기 위해 사업, 파산, 가난의 굴레를 벗어나지 못하는 등 인생의 바닥까지 떨어졌다. 두 번째는 2002년 채팅을 통해 김봉덕 씨를 만나 부부가 돼 아내의 헌신적인 희생과 사랑으로 새로운 삶을 시작했다. 세 번째는 47세의 늦은 나이에 2013년 대구대학교 산업복지학과 3학년 편입학을 통해 학업에 매진, 2021년 2월 대구대 대학원에서 이학박사 학위를 받아 자신의 가치를 빛나게 했다.

그는 "양팔과 한쪽 다리가 없다는 것은 단지 그 상황을 힘들게 하는 요소일 뿐 저를 더 강하게 채찍질하는 요인으로 작용했다"면서 "중증 장애인의 삶 36년 동안 매우 고통스럽고 힘들어 좌절은 했지만 주저앉지 않고 뚜벅뚜벅 목표를 향해 정진했다. 그 힘의 원동력은 어머니와 가족·아내의 헌신에 대한 보답이자 그들을 위한 책임과 헌신이었다"고 글에 적었다.

이 씨는 지난해 8월부터 문경대학 사회복지재활과 겸임교수로 직업 재활과 관련한 과목을 강의하고 있다. 또한 한국교통장애인협회 경산시지회장과 한국장애인재활상담협회 이사, 법무부 교정위원 등으로 활동하면서 장애인 복지 향상을 위해 일하고 있다. 이후 영남이공대학교 겸임교수와 대구대에 출강하고 있다.

이범식 씨는 "장애인들의 재활은 의존도를 줄이고 자신의 선택지의 폭을 넓혀 가는 것"이라며 "장애인 관련 정책을 다루는 일과 장애인들에게 종합 서비스를 제공하는 일, 장애인들의 일자리 마련을 위한 재활작업장을 만들어 주고 싶다"고 말했다.

| 마치면서 |

왼발로 내딛은 462km, 66만 3000보
이 길 끝에 반드시 희망이 있습니다

왼발 하나로 걸어냈던 이 길은 단순한 거리의 기록이 아니었습니다. 그것은 내 삶을 다시 시작한 거리로, 절망을 너머 희망을 마주한 여정이었습니다.

저는 장애인입니다. 두 팔이 없고, 한쪽 다리는 의족입니다. 하지만 포기하지 않았습니다. 그 걸음을 통해 내 인생은 변화되었습니다. 아니, 새롭게 숨 쉬기 시작했습니다.

무엇보다 가장 먼저 '간경화로 투병 중인 아내'에게 희망을 줄 수 있었습니다. 왼발로 걸어내는 내 모습을 통해 "당신도 이겨낼 수 있어요"라는 마음을 전할 수 있었고, 그 믿음은 우리 가정에 따뜻한 빛이 되어주었습니다.

경제적으로도 막막했던 상황 속에서, 길 위의 도전은 새로운 문을 열어주었습니다. '이범식 서포터즈단'이 만들어졌고, '내 이야기를 듣고 함께하고 싶다'는 사람들이 하나둘 모이고 있습니다. 그 덕분에 강의 활동의 폭도 넓어졌고, '희망'과 '삶의 의미'를 전하는 강사로서 내 가치도 더 깊어졌습니다.

가장 큰 변화는 나 자신입니다. 내가 나를 존중할 수 있게 되었습니다. 종주를 준비하면서 체력도 좋아졌고, '도전하면 무엇이든 가능하다'는 확신도 생겼습니다. 그래서 지금, 나는 또 다른 도전을 준비하고 있습니다.

오는 10월 말에서 11월 초, 경주에서 열리는 제32차 아시아태평양 경제협력체(APEC) 정상회의 성공기원 홍보와 동서 화합을 염원하는 동서종주길 400km에 다시 내 왼발을 들어 올리려 합니다.

하지만 그 모든 변화보다 가장 소중한 깨달음은 이것이었습니다.
"사회는 따뜻하다는 것.
 그리고 나도 누군가에게 희망이 될 수 있다는 것"
길 위에서 수많은 사람들의 격려와 응원을 받으며, 나는 '선한 영향력'이 무엇인지 직접 느꼈습니다.

그 경험은 내 마음속에 "세상을 바꿀 수 있다"는 믿음을 심어주었습니다. 이 도보 여정은 끝이 아닌 시작이었습니다. 그 길 끝에서 나는 분명하게 말할 수 있습니다.

"왼발로 내딛은 462km, 그 길 끝에는 반드시 희망이 있습니다."
그리고 이 책이 당신에게 한 걸음 내딛는 용기를 얻는 작은 불씨가 되길 바랍니다.

두 발이 아니라 의지로 걷고, 양팔이 아니라 의미가 담긴 마음으로 걸었듯이 글을 읽은 당신의 삶을 다시 시작하고자 한다면, 당신도 분명히 해낼 수 있다고 확신합니다.

저자 이범식 드림